월요일은
싫어도
교사는
하고 싶어

월요일은 싫어도 교사는 하고 싶어

김보현 · 김진수 · 문정원 · 배주미 · 신수민 · 이가현
임은광 · 염덕원 · 오다빈 · 장덕진 · 황상우

지음

| 추천사 |

교사로 산다는 것.
그것은 아이들의 이름을 하나씩 마음에 새기며 하루하루를 살아내는 일입니다. 칠판 앞에서, 복도에서, 교무실에서, 때론 눈물을 삼키고, 때론 웃음을 참으며 교사들은 매일 '아이들 앞에 선 어른'으로서 묵묵히 자기 자리를 지켜냅니다.
이번 책은 그런 교사의 길을 막 시작한 저경력 선생님들이 직접 써 내려간, 작지만 깊은 울림의 기록입니다. 교실 속에서 아이들과 부딪히며 웃고 울고, 때로는 좌절하고 다시 일어서는 그들의 이야기는 교직이라는 삶의 무게를 고스란히 전하며, 잔잔한 감동과 깊은 여운을 안겨줍니다.
무엇보다 인상 깊었던 것은, 이 책이 단지 '성공한 수업 사례'나 '교육적 성과'를 나열하는 책이 아니라는 점입니다. 오히려 어설펐던 시작, 뜻대로 되지 않았던 수업, 관계의 어려움 속에서 길을 잃고 헤매던 순간들, 그리고 그런 시간을 지나 다시 아이들 앞에 설 용기를 낸 이야기들이 진솔하게 담겨 있습니다. 우리는 종종 교사가 '완성된 존재'라고 생각하지만, 이 책을 통해 우리는 교사 또한 '자라고 있는 사람'임을 다시금 깨닫게 됩니다.
아이들과의 관계에서 느낀 기쁨과 슬픔, 혼자 감당해야 했던 교육의 무게, 실수와 반성 속에서도 놓지 않았던 교육에 대한 열정, 동료 교사들과의 조용한 연대, 그리고 가끔은 흔들리지만 결국 다시 자신의 마음을 붙잡는 고요한 성찰까지… 이 책은 교사라는 존재의 진짜 얼굴을 보여줍니다. 때로는 여리고, 때로는 단단하며, 무엇보다 아이들을 사랑하는 따뜻한 그들의 마음이 페이지마다 묻어납니다.
저는 이 책을 읽으며, 교직의 처음을 떠올렸습니다. 서툴고 두려웠지만 아이들의 한마디, 동료의 격려 한 줄, 뜻하지 않게 마주한 감사의 편지 한 장이 큰 위로가 되었던 시절 말입니다. 이 책은 그런 기억들을 되살리게 하며, 다시 초심으로 돌아가게 합니다. 그리하여 우리 모두에게 조용히 말합니다. "괜찮아. 다들 그렇게 자라는 거야."

이 책은 앞으로 교사의 길을 걷고자 하는 이들에게는 따뜻한 이정표가 되어줄 것이며, 지금 그 길 위에 있는 이들에게는 '나만 그런 게 아니었구나' 하는 깊은 공감과 위로를 전해줄 것입니다. 그리고 교사라는 존재를 멀리서 지켜보던 이들에게는 우리가 몰랐던 교실의 이야기, 아이와 교사 사이에서 오가는 따뜻한 마음의 결을 전해주는 귀중한 창이 되어줄 것입니다.

우리는 흔히 교육의 미래를 말하지만, 저는 이 책을 읽으며 '지금 이 순간 교실에서 살아가고 있는 젊은 교사들'이야말로 그 미래 자체라는 사실을 다시 확인하게 되었습니다. 그들은 아직 길 위에 있지만, 분명히 올바른 방향을 향해 걷고 있습니다. 그리고 그 길은 어느 누구보다 아이들을 사랑하고, 스스로를 끊임없이 성찰하며, 동료와 함께 성장하려는 이들이기에 가능한 길입니다.

오늘도 교실에서 아이들의 눈을 마주하고, 이름을 불러주며, 성장의 징검다리를 놓아주고 있는 모든 교사들께 이 책을 추천합니다. 그리고 무엇보다, 이 책을 써낸 저자 교사 여러분께 깊은 존경과 따뜻한 마음을 전합니다.

고맙습니다. 사랑합니다. 그리고, 응원합니다.

– 평택새빛초등학교장 홍석기

교사의 하루는 늘 아이들과의 웃음과 눈물, 그리고 수많은 질문으로 채워집니다. 이 책에는 '아이들은 나의 어린 거울'이라 고백하는 선생님, '선생님 저희가 있잖아요'라며 위로를 건네는 아이들, 그리고 '마음이 어떻게 무너져요?'라며 천진하게 반문하는 아이들의 목소리가 고스란히 담겨 있습니다. 작은 일상 속에서 흔들리고 지쳐도, 아이들 덕분에 다시 교실로 돌아설 힘을 얻는 우리의 이야기가 여기에 있습니다.

때로는 나보다 더 성숙한 아이들의 모습에서 배우고, 때로는 나의 부족함을 깨닫는 순간 다시 단단해지는 교사의 길. 이 책은 그런 교사들의 진솔한 고백과 소중한 기록을 통해 '당신은 혼자가 아니다'라는 따뜻한 위로를 전해줍니다. 월요일이 두렵고 버겁더라도, 아이들과 함께하는 교실 속에서 우리는 언제나 다시 시작할 수 있습니다.

교사의 길을 걸어가는 모든 분들께, 이 책이 작은 쉼과 용기가 되어주기를 기대합니다.

– 평택새빛초등학교 교감 정희경

먼저 선생님들의 노력이 결실을 맺게 된 것을 진심으로 축하합니다.

'교사'라는 직업을 꿈꾸는 사람, 이미 그 길을 걷고 있는 사람 혹은, 교사라는 존재를 그저 '선생님'이라는 이름으로만 기억하고 있는 모든 이에게 깊은 울림을 전하고 있습니다. 교사 11명이 공동 집필한 이 책을 통해 교실에서 벌어지는 기쁨·슬픔·고민, 그리고 성장의 순간들을 솔직하고 따뜻한 시선으로 담아내고 있는 모습을 가감없이 들여다 볼 수 있습니다.

여기서 표현하고자 하는 것은 화려하고 완벽한 교사의 이야기가 아닙니다. 오히려 불완전한 모습 그대로 아이들과 함께 넘어지고 일어서는 진짜 교사의 너무나 현실적인 모습입니다. 오히려 학생들에게서 삶의 용기와 가르침을 얻는 이야기, 임용고시의 좌절을 딛고 다시 교단에 서는 이야기, 관계를 통해 진정한 교사의 길을 찾아가는 이야기 등은 독자들에게 깊은 선생님이란 역할에 관해 이해와 공감을 전할 것이라고 생각합니다.

이 책은 그저 교직 생활에 대한 단편적인 기록을 넘어, '우리'가 함께 성장하는 이야기입니다. 아이들의 거울이 되어 자신을 돌아보고, 때로는 아이들보다 더 많이 배우고 성장하는 교사들의 모습은 이 책을 읽는 모든 이에게 따뜻한 위로와 깊은 감동을 선사할 것입니다.

부디 이 책을 통해 교사들이 교실 안팎에서 마주하는 소중한 이야기들을 만나보시고, 교사로서의 길을 걷는 모든 분들께 힘이 되기를 바랍니다. 다시 한번 소중한 경험을 나눠주신 작가님들께 경의를 표합니다.

- 평택새빛초등학교 교감 김동준

제목부터가 범상치 않더군요. 월요일은 싫은데(직장인 이라면 누구나 공감) 선생님은 하고 싶어라니... 교사의 위상이 많이 추락한 요즘 선생님을 하고 싶다니, 진심일까? 하는 의심이 잠깐 들었으나 책을 읽으면서 진심일 수도 있겠다는 생각이 스쳐 갔습니다.

글을 읽으며 선생님들의 고뇌와 진심이 고스란히 느껴져 정말 좋았습니다. 글을 읽는 동안 교사라면 누구나 공감할 수 있는 이야기들을 진솔하게 풀어나가신 선생님들의 교실 속 모습이 떠올라 흐뭇해 지는 저를 발견하게 되었습니다.

비교와 경쟁이 만연한 세상에서 자신의 상처와 실패를 드러내는 일은 쉽지 않습니다. 그런 이유로 저는 성공보다는 실패 스토리를 좋아합니다. 자신의 실패를 드러내는 용기가 좋습니다. 아이도, 어른도 실패로부터 배우며 성장하는 것이 인생이라고 생각합니다. 시행착오를 고스란히 전해주시는 선생님들의 글 속에서 공감과 위로를 얻었습니다.

글이 주는 힘은 참으로 대단하다는 생각을 하게 합니다. 글쓰기를 통해 하루하루 평범한 일상을 돌아보며 그 속에서 나만의 의미를 찾아가는 과정에서 자신도 모르게 스스로를 돌보며 상처를 치유하게 되는 것 같습니다. 이 책을 통해 글로 남기지 않았다면 휘발되었을 교사로서의 경험들이 '글'로 재탄생하여 비로소 '의미'를 찾아감을 느끼게 됩니다. 소소하지만 대단한 여정을 함께하신 선생님들께 존경을 표합니다.

선생님들의 글을 읽으며 다시 학교로 가고 싶다는 열망이 크게 들었습니다. 이런 선생님들과 함께하는 교직 생활이라면 정말 행복할 것 같습니다.

선생님이 희망입니다.

- 평택교육지원청 장학사 이혜선

'배운다는 건 꿈을 꾸는 것, 가르친다는 건 희망을 노래하는 것'이라는 가사가 내 눈 앞에 놓여있을때, 매일 희망을 노래할 수 없고 여느 직장인처럼 월요일은 싫지만 교사로 살아갈 용기를 주는 이야기입니다.

"어린 나의 거울들"을 매일 보며 교사의 삶이 아이들과 다시 태어나는 과정입니다. 이 책은 단순한 수필이 아니라, 교사로서 버텨내고 성장해 온 기록이며 작은 사회에서 아이들과 지낸 웃음과 눈물이 어떻게 한 사람의 교사를 단단하게 만드는지 보여줍니다.

교사라는 직업이 단순히 가르치는 일을 넘어, 매일 아이들에게 배우며 다시 더 좋은 선생님이 되어가는 길이라는 것을 이 책은 감동적으로 증명합니다.

교직을 꿈꾸는 이에게는 나침반이 되고, 이미 교단에 선 이에게는 따뜻한 위로를, 학부모들에게는 '함께 성장한다는 것'의 의미를 새삼 일깨워 줍니다.

(사)디미교요연 몽당분필 대표이사, 반송초등학교 교사

박준호 선생님

각자 다른 빛깔의 아이들이 만나 함께 만들어내는 교실 속 무지갯빛 이야기, 그리고 그 기적 같은 공간에 보이지 않는 지휘자 한 명. 이 책은 교실에서 아이들과 희망을 노래하는 선생님들의 따뜻하고 치열한 고민을 담고 있습니다. 책을 읽다 보면 평범해 보였던 교실 속 일상이, 얼마나 특별한 이야기로 가득한 곳인지 깨닫게 됩니다.

- 『열 살 내 꿈이 궁금해』 저자 하랑쌤 황현하

| 프롤로그 |

일상이 우리가 가진
인생의 전부다

　10대 때는 대학을 위해 열심히 달렸습니다. 20대가 되어서는 취업을 위해 다시 한번 열심히 달렸습니다. 그렇다면 열정적인 10대, 20대를 보내고 난 후 '교사'라는 직업을 가지게 된 나는 무엇을 위해 달려야 할까요? 대학 합격, 임용고시 합격…. 목표를 이루면 그때 잠시 큰 기쁨을 느낍니다. 하지만 곧 또 다른 목표를 세워야 하거나 혹은 말할 수 없는 허무함이 찾아오기도 하지요. 그렇다면 정말 중요한 것은 목표 그 자체일까요, 아니면 목표를 향해 나아가는 과정에서 겪는 일상일까요?

　사실, 우리의 인생은 거창한 순간보다 매일 반복되는 소소한 일상으로 채워져 있습니다. 작은 웃음, 짧은 대화, 일상적인 행복과 깨달음. 이러한 소소한 순간들의 집합이야말로 우리의 인생이라고 할 수 있습니다. 교단에서도 마찬가지입니다. 1년이라는 짧은 시간에 아이의 대단한 성장과 발달을 기대하기엔 우리가 해야 할 일이 매우 고됩니다. 눈에 띄는 성장과 뿌듯함, 커다란 업적보다는 아이들과 나눈 소박한 대화 몇 마디가 우리 교사 인생의 9할이지요. 그러나 이러한 일상은 강물과도 같아 너무나 쉽게 흘러가 잊혀버립니다.

작년 봄, 큰 기대와 설렘을 가지고 첫 학교에 발령받았습니다.
멋지게 교실을 지휘하는 나와 막힘없이 따라오는 아이들. 부족했던 부분을 채워가면서 뚜렷하게 성장하는 아이들. 제 머릿속에는 화려한 교실의 모습이 가득했지요. 하지만 첫해의 1학기를 마치고 나서 이런 생각을 하였습니다.
'다른 선생님들의 삶은 너무 멋진데, 나는 왜 이렇게 평범하고 무난할까. 나의 교직 생활은 왜 재미가 없을까. 나는 왜 대단하지 못할까.'
다채로운 삶을 살고 싶다는 나의 기대와는 달리 매일 출근하고, 오전에는 수업과 생활지도 오후에는 업무하는 똑같은 삶의 반복에 많이 지쳐있었습니다. 어릴 때부터 꿈꿔왔던 교사라는 꿈의 종착점이 겨우 이것이었을까 하는 생각도 들었지요. 그때 교무부장님께서 함께 '글'을 쓸 사람을 모으고 계셨습니다. 무미건조한 삶에서 뭐라도 하고 싶었던 저는 부장님과 함께 글 쓰기에 도전했습니다.
내 삶에서 글감을 찾기 위해 하루하루를 곰곰이 떠올려야 했습니다.

  아이들과 나눈 몇 마디 대화, 아이들 때문에 웃음이 터졌던 순간, 아이들이 건네준 작은 깨달음을 '기록'하기 시작했습니다. 기록의 양이나 글의 질은 크게 상관하지 않으며 그저 '기록'한다는 사실에 집중하고자 하였습니다.

  그러자 제 삶에도 조금씩 변화가 있었습니다. 평소 같았으면 그저 강물처럼 흘러가 버렸을 순간들이 기승전결이 담긴 이야기가 되어 기억에 남았습니다. 그렇게 작은 일상의 기억이 모여 제 인생을 채워나가고 있습니다.

  이 책에 담긴 여러 선생님의 글은 그저 지나간 일상이라기보다, '인생 이야기'가 아닐까, 생각합니다. 인생은 특별한 날의 연속이 아니라, 소소한 하루의 축적입니다. 이 책이 교사들의 평범한 일상을 특별한 기록으로 바꾸어 줄 수 있기를, 또 독자님에게도 일상을 바라보는 새로운 눈길 열어주시기를 바랍니다.

평택새빛초등학교
교사 김보현

차례

추천사 4
프롤로그 11

1장
마음이 흔들리는 날에도
아이들과 함께 웃고 울며, 교사로서 나를 돌아보는 순간들

01 나의 어린 거울들 _문정원	20
02 선생님 저희가 있잖아요 _이가현	27
03 세 번의 갈림길 _배주미	35
04 우주에서 온 선생님 _신수민	44
05 어떻게 마음이 무너져? _오다빈	50
06 곰팡이 _김보현	58
07 인생지사 새옹지마 _황상우	66
08 마이쮸 좀 주세요 _염덕원	73
09 금토일 _임은광	79
10 슬램덩크 속 안 선생님, 우리 학교의 장 선생님 _장덕진	85
11 화음으로 만들어진 세상 _김진수	93

2장
아이에게 배우는 교사
완벽하지 않아도, 함께 자라는 교사들

01 아이스티 데이트 _문정원	100
02 나는 옆 반에 삽니다 _이가현	106
03 완벽한 교사 _배주미	113
04 선을 넘은 선생님 _신수민	120
05 아이들에게 배우는 마음 _오다빈	128
06 조건 없는 사랑 _김보현	134
07 심지를 찾아서 _황상우	140
08 시스템을 설계하는 교사 _염덕원	147
09 방울토마토와 함께 자란 아이들 _임은광	155
10 멀리서 보면 비극, 가까이서 보면 희극 _장덕진	161
11 넌 행복을 가져다주는 꽃이야 _김진수	168

3장
다시, 내일의 교실로
이별, 후회, 다짐을 지나 교실로 돌아가는 용기

01 공부는 왜 해야 할까? _문정원	178
02 술래잡기 _이가현	186
03 멈추지 않기로 했다 _배주미	192
04 나는 투명색이 좋아요 _신수민	200
05 겪어보지 못한 슬픔을 위로하는 법 _오다빈	206
06 같은 교실, 두 개의 시선 _김보현	213
07 주머니 속의 송곳 _황상우	221
08 선생님, 저도 수업 자주 망해요 _염덕원	227
09 좋은 헤어짐 _임은광	233
10 수업에 대한 두려움, 눈치, 그리고 용기 내기 _장덕진	238
11 1년 동안 화내지 않는 교실 _김진수	245

에필로그 253

이 교실에 있는 나의 '작고 어린 거울들' 속에서 나 자신을 비추어본다.
학교라는 작은 사회 속에서 나도 아이들과 함께 자란다.
때로는 어른들보다 성숙한 행동을 하는 아이들에게는
나 자신을 비추어보며 스스로를 돌아본다.

1장

마음이
흔들리는 날에도

아이들과 함께 웃고 울며,
교사로서 나를 돌아보는 순간들

월요일은 싫어도 교사는 하고 싶어

01

문정원

나의 어린 거울들

아이들에게도 본받을 점이, 배울 점이 무수히 많다.
교실에 있는 나의 어린 거울들에게서 나 자신을 비추어보고,
반성하고, 성장할 수 있다는 점에서 교사는 멋진 어른이 되기에
참 좋은 직업이다.

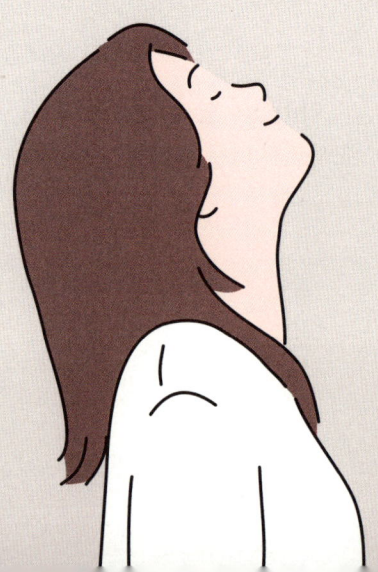

◆

학교는 작은 사회다. 아이들에게 내가 자주 해주는 말이다. 이 작은 사회 속에서 아이들은 '진짜' 사회에 내던져지기 전, 연습의 과정을 거치며 조금씩 성장해 간다. 처음 만난 사람과 가까워지는 법, 고마움을 표현하는 법, 사과하는 법, 거절하는 법 등 아이들은 이곳에서 삶에 꼭 필요한 기술들을 하나씩 배워간다. 그리고 이 작은 사회에는 진짜 사회와 다름없이, 필연적으로 '리더'가 존재한다.

올해 나는 작년 제자들과 함께 학년을 올라오게 되었다. 4학년이었던 내 첫 제자들은 5학년으로 자랐고, 4학년 담임이었던 나는 5학년 담임이 되었다. 작년에 나는 너무도 훌륭한 학급 아이들을 만나 교사로서 꿈같은 첫해를 보냈다.

아이들끼리의 흔한 다툼도 거의 없었고, 부족한 선생님을 정말 좋아해주던 사랑스러운 반이었다. 첫해였지만, 아마 앞으로 이런 반을 다시 만나기는 쉽지 않을 것이라는 예감이 들었다. 동시에 교직 첫해부터 너무 지도하기 편한 아이들을 만난 탓에 힘든 아이들에 대한 면역력을 전혀 쌓지 못했던 나는 올해 막연한 두려움을 안고 시작했다.

그러나 내 걱정이 무색하게도, 올해 역시 무척 예쁜 학급을 맡게 되었다. 수업 시간에 과반수가 발표하려고 손을 번쩍번쩍 들고, 쉬는 시간에는 남녀 할 것 없이 모여 앉아 음악 시간에 배운 합창곡을 부르거나 공기놀이하며 노는 순수함을 지닌 아이들을 보며 '어떻게 2년 연속 이렇게 학급 운이 좋을 수가 있지?'라는 생각을 하곤 했다.

하지만 세 달간 우리 반을 관찰하면서 나는 이 현상이 결코 우연이 아님을 알아챌 수 있었다. 작년과 올해 우리 반에는 한 가지 중요한 공통점이 있었다. 바로 작년과 올해 2년째 우리 반에 있는 성준이(가명)의 존재이다.

5학년이 되면서 키가 훌쩍 크고 말투가 조금 더 어른스러워진 것을 빼고 성준이는 작년이나 올해나 참 한결같은 학생이다. 성준이는 겉으로 드러나진 않지만, 분명히 학급의 '리더'의 역할을 하고 있었다. 회장이나 부회장 같은 직책의 의미가 아닌, 아이들이 자발적으로 따르고 반의 분위기를 이끄는 그런 존재 말이다.

성준이는 운동을 잘해서 남학생들에게 인기가 많다. 피구를 하면 팀을 어떻게 나누어도 성준이가 속한 팀은 좀처럼 지는 법이 없어 오히려 곤란할 정도다. 그러나 성준이는 경기 중에 공을 많이 던져보지 못한 여학생들에게 알아서 선뜻 공을 양보하고는 "실수해도 괜찮으니까 한 번 던져봐!"하고 격려해줄 수 있는 마음씨를 지녀서 여학생들 역시 모두 성준이를 좋아한다. 이성적인 호감 차원이 아니라, '좋은 친구, 멋진 친구'로서의 존경과 애정이다.

그리고 성준이는 또래 남학생들답지 않게 쉬는 시간에 선생님에게 와서 이런저런 이야기하는 것을 좋아한다. 태권도장에서 있었던 일, 동생이랑 있었던 일 등등 소소한 에피소드를 풀어 놓는다. 그러면 역시나 다른 아이들도 그 주위에 와글와글 모여든다.

무엇보다 성준이는 정말 매사에 열심이다.

수업 시간에 공부도 열심, 쉬는 시간에 노는 것도 열심. 심지어 청소 시간에도 누구보다 열심히 교실 광을 내는 데 혈안이라 다른 아이들도 덩달아 청소를 재미있는 놀이로 여기며 열심히 참여한다. 학부모 공개수업을 앞둔 날, 전혀 시킨 적도 없는데 혼자 창틀에 먼지를 물티슈로 쏙쏙 닦고 있고 또 다른 아이들도 그 모습이 재밌어 보였는지 다함께 청소를 하는 모습을 보고 경악했던 적이 있다.

성준이의 리더십 비결은 바로 '솔선수범'이다.

성준이는 결코 다른 친구들에게 이래라 저래라 명령을 하지 않는다. 그저 묵묵히 바른 행동을 하고 있었을 뿐인데 주변 친구들이 그것을 스스로 따라하게 만들어 주위를 변화시키는, 어리지만 엄청난 내공과 리더십을 지닌 학생이었다. 결국 성준이의 작은 행동들이 마치 나비효과처럼 학급 전체의 분위기를 긍정적으로 이끌어가고 있었던 것이다.

  나는 2년째 지켜보고 있는 이 성준이의 모습에 나 자신을 투영해본다. 나는 초등학생 때부터 반장선거는 빠짐없이 나가고 대학생 때까지도 학과 회장을 맡았던, 또 그것을 나름 즐기던 학생이었다.

  그런데 과연 그동안 나는 성준이처럼 '솔선수범' 리더십을 가진 사람이었던가? 내 행동이 과연 내가 속해있던 공동체의 분위기에 긍정적으로 기여했을까? 독단적이거나, 무력했거나, 부정적이진 않았던가?

  나아가 나는 성준이를 보며 나의 교직 첫 해였던 작년을 되돌아본다. 교사에게 가장 필요한 자질이 어쩌면 바로 저런 선한 리더십이 아닐까. 큰 소리를 내지 않아도, 잔소리하거나 강요하지 않아도, 아이들이 자연스럽게 따르고 싶다는 마음이 들게 만드는 힘. 과연 작년의 나는 그런 힘을 가진 교사였던가? 앞으로 나는 어떻게 그런 힘을 길러야 할까?

  성준이는 그저 하나의 예일 뿐이다.

  나는 모든 아이들에게서, 이 교실에 있는 나의 '작고 어린 거울들' 속에서 나 자신을 비추어본다. 학교라는 작은 사회 속에서 나도 아이들과 함께 자란다. 때로는 어른들보다 성숙한 행동을 하는 아이들에게 나 자신을 비추어보며 스스로를 돌아본다. 아이들에게도 본

받을 점이, 배울 점이 무수히 많다. 교실에 있는 나의 어린 거울들에게서 나 자신을 비추어보고, 반성하고, 성장할 수 있다는 점에서 교사는 멋진 어른이 되기에 참 좋은 직업이다.

> **NOTE**
>
> ### 교실에서 교사도 아이들과 함께 성장하는 법
>
> 교사는 가르치는 직업이지만 동시에 끊임없이 배우기도 해야 하는 직업이라고 생각합니다.
>
> 앞서 말씀드린 것처럼 저는 학급 아이들이 때로는 나를 비추어주는 작고 어린 '거울'같다고 느껴질 때가 있습니다. 심리학에서 '거울 효과'는 타인을 통해 자기 자신을 이해하고, 타인과의 상호작용 속에서 자신의 모습을 비춰보는 현상을 의미합니다. 미성숙한 한편 꾸며지지 않은 순수함을 지닌 아이들에게서 나 자신을 비춰보고 이해할 수 있습니다.
>
> 이렇게 아이들에게 깨달음을 얻게 된 에피소드가 있다면 이를 기록해보면 어떨까요? 그냥 휴대폰 메모장이나 한글 파일을 켜서 간단하게 기록해도 좋고, 블로그 같은 나만의 공간에 남겨도 좋습니다. 아이들로부터 얻은 깨달음을 하

나하나 기록하다보면 어느덧 방대한 배움의 장이 만들어질 것입니다. 선생님들도 아이들을 통해 나 자신과 만나는 순간을 경험해보시길 바랍니다.

02

이가현

선생님, 저희가 있잖아요

사람을 좋아했고, 사람에게 상처받았고, 그럼에도 사람 곁에서
다시 일어났다. 초등교사는 어쩌면 그런 사람일지도 모른다.
아이들의 마음속에서 매일 새로 태어나는 사람.

◆

"네가 아니면 누가 선생님이 되겠어?"

친구의 말에 나는 웃으며 고개를 끄덕였다. 스스로 당연하다고 생각했다. 나는 아이들을 좋아했고, 사람을 좋아했고, 선생님이 되는 게 당연해 보였다. 그런데 그 '당연한' 꿈은 시험을 통과해야만 도달할 수 있는 곳에 있었다.

'합격자 명단에 없습니다.'

왜지? 내가 뭘 또 잘못했지?

임용 2차는 나에게 항상 좌절감만 안겨줬다. 한 번은 면접에서 이런 질문이 나왔다. 드라마 〈우영우〉의 대사와 함께 누군가에게서 들은 따뜻한 말을 소개해 보세요. 그 면접에서 나는 망설임없이 친구가 해준 말을 인용했다.

"가현아, 네가 선생님이 되지 않으면 누가 되겠어?"

그 말이 심사위원에게 건방지게 들렸던 걸까? 내 옷이 너무 화려했나, 관리번호를 면접번호라고 했나, 의자를 제대로 안 넣었나? 말이 너무 빨랐나?

교생 실습은 A+이었고, 아이들이 '선생님 수업이 제일 재밌어요.'

라고 칭찬해 줬는데, 그게 착각이었나 싶었다. 이제는 눈물도 안 나오는 얼굴로, 탈락한 점수를 몇 번이고 다시 들여다봤다.

  초수 때는 스터디원 중 가장 1차 점수가 높은 내가 2차에서 떨어질 거라고 상상도 하지 못 했다. 2차를 준비하며 나를 지치게 만들었던 관계들, '임용만 붙으면 다 용서하겠다'고 생각했지만, 막상 떨어지고 나니 화가 났다. 어떤 친구는 영상을 거의 돌려보지 않았는데 합격했고, 밤늦게까지 피드백을 이어가던 나는 떨어졌다. 세상도, 사람도, 사람들과 경계를 제대로 두지 못했던 나 자신까지 괜히 원망스러웠다.

  재수 때는 본가에 있었지만, 사람 좋아하는 나는 또 쉽게 마음을 주고 또 상처받았다. 결국, 인간관계의 여파로 재수도 실패했다.

  나는 왜 이렇게 E(외향적)일까? 사람의 장점을 크게만 보고, 다가오는 사람에게 쉽게 정을 주고, 그렇게 상처받고, 멀어지고, "너한테 내가 소중한 사람인지 모르겠어."라는 말을 듣고 나서야 깨닫는 사람. 모두에게 잘해주다 중요한 걸 놓쳐버리는 사람. 나는 그런 사람이 아니라고 믿고 싶은데, 어쩌면 맞는 말일지도 몰랐다.

  그래도 결심했다.
  그렇게 흔들려가면서도 사람도 공부도 잃으며 나는 스스로 말했다.

"나는 그런 사람이 아니야."
"나는 할 수 있어."

먼저 작게라도 무엇이든 해 보자 마음먹고, 짧게나마 기간제 교사로 아이들 곁에 서기 시작했다. 아이들 곁에서 힘을 얻고 싶었다. 힘든 날, 아이들에게 물었다.
"힘들 때는 어떻게 하면 좋을까?"
아이들은 해맑게 말했다.
"선생님, 저희가 있잖아요."
맞다. 내가 이 공부를 시작한 이유는, 너희를 더 사랑하고 싶어서였지. 세 번째 시험에서는 도망치지 않기로 했다. 처음 시험을 부산에서 봤고, 그다음엔 도망치듯 경기도에 응시했지만, 이제는 진짜로 이곳에서 승부를 보기로 마음먹었다. 이제는 누구에게도, 어떤 상황에서도 도망치지 않기로.
『그릿』이라는 책에서 르엉이라는 공학자의 이야기가 나온다. 그는 초등학교 시절 '바보'라 불리며 무시당했지만, 그의 가능성을 알아본 선생님이 그를 심화반에 넣어주었다. 성적은 오히려 떨어졌지만 르엉은 이렇게 말했다.
"낙담했죠. 정말 실망했지만, 그 일을 곱씹고 있지는 않았어요. 다음에 어떡해야 할지 거기에 집중해야 한다고 생각했어요. 그래서 선생님을 찾아가서 도움을 청했어요. 기본적으로 제가 무엇을 틀렸는지, 바른 풀이는 무엇인지 이해하려고 노력했어요."

아, 나는 반대로 실패를 곱씹고 또 곱씹었다. 곱씹는 걸 멈추고, 그럼 난 뭘 해야 할까?

나는 엑셀을 켜고, 내가 부족했던 부분을 하나하나 정리하기 시작했다. 그리고 생각했다. 내 선생님은 누구였을까? 답은 가까이에 있었다. 내 곁의 사람들이었다.

은영이는 초수 때는 아쉽게 떨어졌고, 재수 때는 기간제 교사로 일하면서 공부를 병행했던 친구였다. 나는 그 친구를 믿었고, 함께라면 해낼 수 있을 거라는 확신이 들었다. 그 확신은 나를 여기까지 데려왔다. 은영이가 없었다면 나는 여기까지 오지 못했을 것이다. 사실 나는 은영이를 따라가기에 급급했지만, 앞에 스승처럼 걸어가는 사람이 있다는 사실만으로도 든든한 방향이 되어주었다. 그녀와 함께하는 줌 스터디 하나로도 부족해서 영상 스터디를 두 개씩 틀어놓고, 열품타(스터디 타이머 앱)도 따라 틀고, 핸드폰도 끊어냈다. 모의고사는 작년의 두 배를 풀었다. 나는 그렇게, 두 배속으로 몰아갔다. 그리고 힘들 때는 아이들이 했던 말을 떠올렸다.

2차 준비 때는 소연 선생님을 만났다. 잡담을 나누면서도 우리는 늘 말했다.

"아 우리를 떨어뜨려? 인재를 못 알아봤어. 우리는 할 수 있어."

지금은 같은 지역에서 발령을 받고 서로의 안부를 간간이 전한다. 그 시절을 함께 버틴 덕분에 지금의 내가 있다. 가끔 학교를 그만두고 싶어 하며.

사람은 참, 얼마나 웃긴가. 세종에 발령만 받으면 화장실 청소도 하겠다고 하던 친구는 휴직계를 내고, 다른 일을 공부 중이다.

조금 늦게 교사가 된 나는 종종 불안하다. 나보다 어린 선생님이 선배여서 부럽기도 하고, 나는 한참 부족한 사람 같기도 하다. 하지만 임용을 여러 번 치르다 보니 각론은 교과서를 빠르게 이해하는 힘이 되었고, 총론은 교육과정을 이해하는 기반이 되었다. 하루하루 충실히 살다 보면 나는 나대로 단단해질 거라고 믿는다. 그리고 이 믿음을 나에게 그리고 누군가에게도 말해주고 싶다.

결국 나는 그렇게 원하던 선생님이 되었다. 적은 월급에도 기뻐하고, 아이들의 한마디에 웃고 울고, 매일 새로운 마음으로 교실 문을 연다. 나를 선생님이 되게 만들어 준 것은, 아이들이고 친구들이고 실패들이고 나를 끝까지 믿어준 사람들이었다.

내가 왜 E(외향적인 성격)로 여기까지 왔는지 이제는 안다. 사람을 좋아했고, 사람에게 상처받았고, 그럼에도 사람 곁에서 다시 일어났다. 초등교사는 어쩌면 그런 사람일지도 모른다. 아이들의 마음속에서 매일 새로 태어나는 사람.

아침에 아이 하나가 문을 열고 들어오며 환하게 외쳤다.

"선생님, 보고 싶었어요!"

안 본 지 24시간도 안 된 녀석들이지만, 나는 웃으며 진심을 담아 답했다.

"나도 보고 싶었어."

NOTE

모둠 이름 짓기, 하나로 달라지는 교실

임용 2차 준비할 때, 모둠 이름 다들 한 번쯤 정해보셨죠? 그땐 '사랑 모둠', '우정 모둠', '열정 모둠'처럼 이름만 살짝 꾸미고 넘어가곤 했는데, 막상 교실에 서보니 그 활동이 아이들에게 생각보다 큰 의미로 다가왔습니다.

저는 지금도 모둠을 새로 구성할 때마다 아이들이 직접 모둠 이름을 정하고 그 이유를 발표하게 합니다. 여기에 각자의 역할까지 함께 정하면 더 좋습니다.

우리 반에는 '이상한 가족 family'라는 모둠이 있어요. 잘 안 오는 친구들이 있는 모둠인데, 다 같이 등교한 날엔 "우리 가족 다 왔다!"라며 서로 기뻐하는 모습이 참 귀엽고 따뜻해요. 처음엔 어색해하던 아이들도 점점 그 이름에 애정을 느끼고, 자신들의 모둠을 하나의 작은 공동체처럼 여기게 되었습니다.

　교실 앞 게시판에는 아이들이 직접 만든 모둠 이름과 그림, 역할이 적힌 A4용지가 붙어 있습니다. 압정으로 고정된 종이 하나하나를 바라보며 웃는 아이들 표정을 보면, 이 작은 활동이 얼마나 큰 힘을 가질 수 있는지 실감합니다. 소속감, 표현력, 협동심… 정말 많은 것이 함께 따라옵니다. 오늘 아이들과 함께 단 하나뿐인 모둠 이름을 지어 보는 건 어떨까요?

03

배주미

세 번의 갈림길

앞으로도 삶에서 수많은 선택의 기로가 찾아올 것이다.
그 선택들에 따라 나의 삶은 또 어떤 방향으로 흘러갈지 기대가 된다.

◆

　지금은 3월 4일, 오전 1시. 잠이 오지 않아 큰일이다. 내일이면, 아니 벌써 오늘이면 또다시 개학이다. 내가 맡게 될 아이들 명단을 들여다본다. 머릿속으로 개학 당일 1~4교시에 해야 할 일들을 몇 번씩 시뮬레이션해 본 뒤에야 겨우 눈을 감을 수 있었다.
　그러다 문득, '사람 인생이란 정말 알 수 없는 거구나'라는 생각이 스쳤다. 지금 이 자리에 서기까지 내게는 세 번의 갈림길이 있었고, 나는 그 길을 지나 여기까지 왔다.
　첫 번째 갈림길은 고등학교 시절로 거슬러 올라간다.
　학창 시절 내내 듣기 싫었던 말이 있었다. 선생님, 부모님, 친구 모두가 물었다.
　"너는 어느 대학교 갈 거야? 꿈이 뭐니?"
　꿈을 찾기엔 경험도 부족했고, 꿈에 대해 진지하게 고민할 시간도 없던 평범한 고등학생이었던 나는 수능을 보고 대입 원서를 넣을 때까지도 내가 어떤 직업을 갖고 싶은지, 무엇을 하고 싶은지 전혀 알지 못했다.
　'아무리 노력해도 목표가 있는 사람은 이길 수 없다'는 말이 있지 않은가. 목표 없이 앞만 보고 달리던 나는 결국 길을 잃고 말았다.

고등학교 자습시간, 친구들은 저마다 목표를 향해 나아가고 있었지만, 나는 마음 한켠에 풀지 못한 숙제를 안은 채 앞으로 나아가지 못하는 느낌을 받았다.

그런데 시간은 나를 기다려주지 않았다. 결국 대입 원서를 제출해야 할 날이 다가왔고, 결정하지 못하고 갈팡질팡하던 나를 보며 부모님께서 말씀하셨다.

"한번 교대에 지원해 보는 건 어떠니?"

당시엔 임용고시 합격률도 높았고, 교사가 되면 안정적인 직업을 갖게 되니 부모님 입장에서 충분히 권하실 만했다. 문과 학생들이 주로 가던 교대는 이과였던 내게 전혀 없던 선택지였지만, 결국 몇 개의 교대에 원서를 넣었다. 그렇게 갑작스럽게 교대에 입학하게 되었다.

전혀 염두에 두지 않았던 진로였지만, 막상 교대에 입학하고 나니 초등학교 교사라는 직업이 나에게 꼭 맞는 것처럼 느껴졌다. 평소 특출나게 잘하는 것도 없지만 그렇다고 특별히 못하는 것도 없는 나. 사람들의 이야기를 잘 들어주고, 새로운 사람을 만나는 것을 좋아하는 내 성향이 초등교사와 잘 맞는 것 같았다. 또, 1학년부터 4학년까지 참여했던 교육실습에서 만난 아이들은 정말 순수하고 그 모습이 기특하기도 했다.

이렇게 예쁜 아이들과 함께할 수 있다면 마다할 이유가 없다고 생각했다. 물론 주위에서는 교사에 대한 부정적인 이야기나 고충도 들려왔다. 하지만 확증 편향이라는 개념처럼 나 스스로 초등교사라는 선택이 틀리지 않았음을 증명하고 싶은 마음에 그때는 부정적인 면은 외면하고 긍정적인 면만 보려고 했던 것 같다.

두 번째 갈림길은 대학교 3학년 말이었다.

교대생에게 4학년은 1년 내내 초등학교 교사 임용후보자 선정경쟁시험(이하 임용고시)을 준비해야 하는 시기다. 임용고시를 준비하는 동안, 대입을 준비하던 시절이 많이 떠올랐다. 목표 없이 달리다 보니 예상치 못한 방향으로 가게 되었고, 원동력도 부족했던 지난 기억. 그래서 이번엔 달랐으면 했다.

임용고시를 준비하기 전, 내가 왜 교사가 되어야 하는지 그 이유를 확실히 정립하고 싶었다. 그때 들었던 강의에서 교수님이 하신 말씀이 떠올랐다.

"교사가 되어야 할 이유를 찾을 때, 좋은 점만 보지 말고 수많은 단점과 고충에도 불구하고 왜 교사가 되어야 하는지를 생각해보세요. 단 한 가지 이유면 충분합니다."

그 답을 나는 4학년 실습에서 찾게 되었다. 실습은 총 4주간 진행되었고, 그 기간 동안 약 20번의 수업을 해야 했다(정확한 수는 기억나지 않는다). 주당 5개의 수업이 있었는데, 1주 차에 심한 감기에 걸리고 말았다. 코로나 유행이 한창 지나고 막 대면 수업이 시작되던 시기였는데, 감기도 변이를 일으켜 굉장히 독했다. 퇴근 후 병원을 찾았더니 의사 선생님께서는 '목이 많이 쉬었으니 절대 쓰지 말라'고 하셨다. 하지만 하루에 한 번은 꼭 수업을 해야 하는 상황이었다. 1학년 아이들을 상대로 목을 안 쓰고 수업을 한다는 건 불가능했다.

다음 날 아침, 목이 찢어질 듯이 아프고 목소리가 전혀 나오지 않았다. 같은 반에서 실습하던 동료에게 양해를 구해 수업을 바꾸고 며칠을 쉬었지만, 상태는 나아지지 않았다. 다른 병원을 찾아 후두내시경을 찍었더니 심한 성대결절이라는 진단을 받았다. 더 악화되면 수술이 필요하다는 말은 내게 청천벽력 같았다.

수업 시수를 채우지 못하면 실습 이수 자체가 불가능했다. 이는 졸업과 임용고시 응시에까지 영향을 줄 수 있는 일이었다. 몸이 내 뜻대로 되지 않으니 마음도 무너졌다.

'내년에 다시 하면 되지 않느냐'라고 쉽게 말하던 사람들의 말도 나에겐 상처였다. 그 시기에 나를 지탱해준 건 실습반 아이들이었다. 매일 아침 '오늘은 목소리 나와요?'라고 묻던 아이들, 진심 어린 걱정을 해주고 편지를 써주던 그 아이들의 마음이 너무나 사랑스러웠다.

약해진 마음 탓이었을까. 아이들에게서 정말 큰 감동을 받았다. '교사가 되어 힘든 일이 생기더라도, 결국 아이들 덕분에 버틸 수 있지 않을까' 하는 생각이 들었다. 그 아이들 덕분에 나는 '꼭 교사가 되어 아이들과 행복한 시간을 보내야겠다'는 다짐을 하게 되었고, 그것은 1년간 임용고시를 열심히 준비할 수 있었던 가장 큰 원동력이 되었다. 그리고 목소리는 약 2주간 전혀 나오지 않다가 그제서야 조금씩 돌아오기 시작했다. 실습 담당 선생님의 배려로 실습 기간 이후에도 학교에 나가 수업 시수를 채우며 무사히 실습을 마칠 수 있었다.

세 번째 갈림길은 초임 시절이었다.

막 대학을 졸업하고 갓 발령받은 시기였기에 모든 게 낯설고, 미숙한 점도 많았다. 게다가 어떤 반을 맡느냐에 따라 1년이 달라진다는데, 당시 내가 맡은 반은 감당하기에 벅찬 아이들이 많았다. 학교 일이 너무 버거워 친구를 만나도, 가족과 이야기할 때도 학교 이야기로 눈물을 흘리곤 했다. 이 시기에 나는 교사라는 직업이 과연 나에게 맞는가를 깊이 고민했다.

'이렇게 힘들어하면서 몇 년을 버티다간 병이 나지 않을까'라는 생각에, 적성에 맞지 않는다면 빨리 다른 진로를 찾아보는 게 낫지 않을까 싶었다. 매일 우리 반에서 무슨 일이 터지지 않을까 전전긍긍하며, 시한폭탄처럼 언제 터질지 모른다는 불안감에 하루하루를 조마조마하게 보냈다.

하지만 실습 시절 그랬던 것처럼, 이 시기에도 결국 나를 버티게 해준 건 아이들이었다. 힘든 일이 많았지만, 그럼에도 불구하고 나는 이 아이들과 함께하고 싶었다. 그만큼 많은 추억이 쌓였고, 마음이 애틋해지는 반이었다. 아마 평생 잊을 수 없는 아이들이 될 것이다. 지금 돌아보면, 그 경험 덕분에 앞으로 어떤 아이들을 만나더라도 그때보다는 더 잘 지낼 수 있을 거라는 자신감이 생겼다.

이 일이 정말 나와 맞는 일인지, 정년까지 계속할 수 있을지는 아직도 고민 중이다. 하지만 한 가지 분명한 것은, 아이들과 함께하는 시간이 참으로 행복하고 소중하다.

요즘 나는 이 소중한 시간을 누릴 수 있음에 감사하며, 긍정적으로 생각하려고 노력 중이다. 그리고 실제로, 그 시간들이 즐겁다. 앞으로도 삶에서 수많은 선택의 기로가 찾아올 것이다. 그 선택들에 따라 나의 삶은 또 어떤 방향으로 흘러갈지 기대가 된다.

NOTE

학생과의 관계 형성하기

학생들과 좋은 관계와 신뢰를 유지하는 일은 결코 쉽지 않습니다. 하지만 작은 관심과 따뜻한 말 한마디가 아이들의 마음을 여는 열쇠가 되기도 합니다. 이번에는 학생들에게 자연스럽게 다가갈 수 있는 방법과 상담 시 활용할 수 있는 몇 가지 팁을 소개해드리고자 합니다.

- **아이들을 자주 칭찬해주세요.**

모든 아이는 각자의 재능과 강점을 지니고 있습니다. 수업에 집중하지 못하더라도 체육 활동에 뛰어난 아이, 조용하고 내성적인 줄 알았지만 춤과 노래에 소질 있는 아이처럼, 각자의 장점을 발견하고 칭찬해 주세요. 꼭 대단한 행동이 아니어도 괜찮습니다. 수업에 집중한 모습, 자기 자리를 정돈한 행동, 예쁘게 쓴 글씨, 심지어는 밥을 잘 먹은 것조차도 칭찬할 수 있습니다. '칭찬은 고래도 춤추게 한다'는 말처럼, 아이들은 사소한 칭찬에도 기뻐하며, 선생님의 말을 큰 의미로 받아들입니다.

- **아이의 마음을 먼저 바라봐 주세요.**

상담을 하다 보면 입을 꾹 다문 채 '싫어요', '아니요'처럼 대화를 하는 것이 아니라 교사의 말을 튕겨내는 아이가 있습니다. 이럴 땐 아이의 행동보다 그 뒤에 있는 마음을 먼저 바라봐 주세요. 아이가 어떤 잘못을 했더라도, 우선은 '○○이가 그런 일이 있어서 많이 속상했겠구나.'처럼 감정을 공감해주는 말이 먼저입니다. 그리고 '언제든 선생님에게 이야기하고 싶을 때 찾아와도 좋아.'와 같은 말로 아이가 언제든 기대고 말할 수 있는 관계임을 느끼게 해주세요. 교사의 마음을 진심으로 전하는 상담이 아이와의 신뢰를 쌓는 데 큰 힘이 됩니다.

- **아이에게 일상적인 질문을 건네보세요.**

마음을 쉽게 열지 않는 아이가 있다면 가벼운 질문으로 시작해보는 것도 좋은 방법입니다. 형제 관계, 주말에 한 일, 방과후 시간, 좋아하는 과목 등 일상적인 질문을 던지면 자연스럽게 대화를 이어갈 수 있습니다. 고학년이라면, 여학생에게는 친구 관계나 좋아하는 연예인, 남학생에게는 운동이나 게임 등에 대한 이야기를 나누는 것도 좋습니다. 이런 대화는 아이를 더 잘 이해하게 해줄 뿐 아니라, 친밀감을 쌓는 데 큰 도움이 됩니다.

아이에게 화를 내거나 혼을 내기보다는 따뜻한 말 한마디가 오히려 아이를 변화시킬 때가 많습니다. 혼을 내면 아이는 방어적으로 변하기 마련이고, 변화는 쉽게 일어나지 않습니다. 저 또한 따뜻한 말이 아이를 바꿀 수 있다는 믿음으로 아이를 대했을 때, 전혀 움직이지 않던 아이가 변화하는 경험을 했습니다. 여러분도 '말의 온도'로 아이를 변화시킬 수 있다는 믿음으로 아이를 대해보시길 추천합니다.

04

신수민

우주에서 온 선생님

힘든 교실에도 반짝이는 순간이 분명 존재한다.
그 순간을 찾아내 마음껏 즐겨야 한다.
그 어느 때보다 호탕하게 웃으며, 아이들과 눈을 맞추고,
이야기를 나누다 보면 반짝반짝 빛나는 교실을 맞이하게 된다.

◆

"선생님은 몇 살이에요?"

"선생님은 어디에서 살아요?"

해가 바뀌어도, 어떤 아이들을 만나도 항상 받는 질문이다. 아이들은 선생님의 모든 것을 알고 싶어 한다. 호기심 넘치는 아이들의 질문은 나이와 사는 곳에 관해서부터 시작된다.

"선생님은 우주에서 왔고, 백 살이야."

하지만 나는 그리 호락호락하게 대답해 주지 않는다. 신규 교사 시절부터, 언제나 대답은 한결같았다. 주변에도 아이들에게 같은 대답을 하시는 선생님들이 여럿 계셨다. 항상 우주에서 살고, 매년 백 살인 사람으로 살아갈 수 있는 것도 교사만이 누릴 수 있는 특권이다. 선생님의 대답을 들은 아이들의 반응은 주로 두 가지로 나뉜다.

"에이, 거짓말이잖아요."

사실대로 말해달라고 재촉하는 아이들이 있고,

"선생님은 그럼 우주선 타고 학교에 와요?"

"선생님은 내년에 백한 살 되는 거예요?"

사실이 아닌 걸 알면서도 상상의 나래를 펼치는 아이들이 있다. 때로는 웃음으로, 때로는 나름의 상상력으로 대화를 이어가며 나는 매년 우주에서 오는 백 살 선생님이 되어 있었다.

어느 가을 아침이었다. 유달리 맑고 투명한 하늘과 뭉게구름 덕분에 기분 좋게 출근할 수 있었던 날이었다. 날이 선선했음에도 불구하고, 아침부터 두 아이가 땀을 뻘뻘 흘리며 교실로 뛰어 들어왔다.

"선생님!"

기분 좋게 시작하는 아침이었는데, 정신없이 들어와서 선생님을 찾는 아이들의 목소리를 들으며 무슨 일이 있나 싶어 걱정스럽게 돌아보았다.

"선생님! 어제 우리가 학원 끝나고 선생님한테 인사했는데, 들으셨어요?"

이건 또 무슨 말인가. 아이들 학원 근처에도 가지 않았는데. 의아한 표정으로,

"뭐? 아니 못 들었지. 선생님은 너희 학원 앞 지나가지도 않았어."

라고 대답했다.

그러자 아이들은,

"선생님이 우주에서 왔다고 했던 거 생각나서, 저희가 어제 학원 끝나고 하늘 보면서 인사했어요."

"맞아요! 선생님이 우주에 있으니까 들을 수 있겠지 하면서 인사했는데…" 하는 것이었다. 세상에, 웃음이 터져 나왔다. 진짜로 하

늘 보고 인사했냐고 재차 물었다. 정말 인사했다고, 옆에서 보고 들은 친구도 있다고 씩씩하게 말하는 아이들에게,

"아쉽지만 선생님은 정말 못 들었어. 여기부터 우주까지 멀잖아. 오늘은 더 큰 목소리로 인사해 줘. 그럼 선생님한테 들릴 수도 있지."라고 한술 더 떠서 대답해 주었다.

온갖 기상천외한 생각들로 반짝이는 초등학생들과 하루를 보내다 보니, 다 큰 어른도 생각이 조금씩 자란다. 남들과는 다른 방향으로. 아이들은 선생님의 대답이 만족스러웠는지 해맑게 웃으며 자리로 갔다. 물론 걱정 많은 선생님은 오늘 아이들이 하늘을 보며 우렁차게 인사해 눈총을 받을까 싶어 찜찜한 기분이 들기도 했다.

소소한 일화였던 이 이야기는 시간이 꽤 흐른 지금도 기억 속에 생생하게 남아 있다. 아직도 이때를 떠올리면 아이들의 밝은 모습이 머릿속에 그려지고 미소가 지어진다. 이 이야기뿐만이 아니라, 떠올리면 저절로 웃게 되는, 가까운 사람들에게 미주알고주알 신나게 전해주는 일화들이 있다. 주말에 친구를 만난 것을 영웅 목격담처럼 조잘조잘 말하던 학생, 만화책을 좋아하는 이유를 열변을 토하며 설명하던 학생의 이야기 등.

학교에서 지내다 보면 마음속에 숨겨져 있던 희로애락의 감정을 모두 들춰내게 된다. 유독 분노와 슬픔이 강렬하게 느껴지는 날들

이 있고, 이런 날들이 연이어 이어지기도 한다. 이 감정에 잠식당하지 않으려면 기쁨과 즐거움의 감정을 찾아와야 한다. 힘든 교실에도 반짝이는 순간이 분명 존재한다. 그 순간을 찾아내 마음껏 즐겨야 한다. 그 어느 때보다 호탕하게 웃으며, 아이들과 눈을 맞추고, 이야기를 나누다 보면 반짝반짝 빛나는 교실을 맞이하게 된다.

NOTE

행복한 순간을 모아 보세요

저는 처음에 학교 밖에서 행복을 찾으려 했습니다. 힘들어도 학교에서는 어떻게든 버티고, 퇴근하고 나서 본모습을 찾아 즐길 거리를 만끽했습니다. 물론 학교 밖에서 행복을 찾는 것도 중요합니다만, 우리는 하루 8시간 이상을 학교에서 보내야 합니다. 이렇게 많은 시간을 보내는 학교에서 즐겁지 않다면 너무나도 쉽게 지쳐 버립니다.

여러모로 학교에서의 생활이 버거운 시기에는 하루에 한 번이라도 꼭 아이들 앞에서 신나게 웃는 것을 목표로 삼았습니다. 처음 이 목표는 아이들을 온종일 무표정으로 대하고 있다는, 자기반성에서 비롯되었습니다.

아이들에 대한 미안한 마음으로 시작했지만, 사소한 일에도 아이들과 함께 깔깔 웃다 보면, 교실에서의 힘든 일도 마음을 조금 내려놓고 해결할 수 있습니다. 무엇보다도 웃는 순간만큼은 긴장을 풀고 행복을 느낄 수 있습니다. 이때 중요한 것은, 정말 선생님께서 배가 아플 정도로 즐겁게 웃으셔야 한다는 점입니다. 선생님께서 행복하셔야 합니다. 이런 행복한 순간이 모이고 모여 무엇보다도 튼튼한 지지대가 되어 줍니다.

여유가 된다면, 소중한 순간을 글과 사진으로 기록해 두는 것 또한 추천합니다. 아이들의 재치 있는 말과 행동을 글로 남겨 두셔도 좋고, 바쁘다면 일화를 떠올릴 수 있는 사진 한 장만 있어도 충분합니다. 기록한 것을 꺼내 보며 언제든 그 순간을 추억할 수 있고, 특히 몸과 마음이 지쳐 있을 때 이 시기를 견뎌내는 힘을 얻게 됩니다.

여전히 화가 나서 가슴이 두근거리는 날이 있습니다. 진전이 느껴지지 않아 막막한 날도 있습니다. 그런 날에도 꼭 하하 호호 웃는 일을 만들려 노력합니다. 소중한 나의, 우리의 하루에 웃음이 함께하기를 소망합니다.

05

오다빈

어떻게 마음이 무너져?

눈물로 가득할 줄 알았던 마지막 날,
교실엔 웃음소리가 넘쳤다.
이별이란 말조차 실감나지 않는 듯,
아이들은 평소처럼 밝았다.

◆

"아이들과 일 년을 함께하고 아이들 기억 속에 평생 남는 선생님이 되고 싶다."

교직을 시작하며 마음속으로 되뇌었던 다짐이었다.

첫 제자들과의 이별을 앞둔 9월, 아이들을 바라보며 문득 눈물이 핑 돌았다. '이렇게 사랑스러운 아이들과 어떻게 헤어지지?' 2학기 내내 나는 벅찬 감정을 삼키며 아이들과의 마지막을 준비했다. 아이들의 작은 배려, 따뜻한 말 한마디, 성실한 태도 하나하나가 눈부시게 소중했다. 그 마음을 담아, 아이들 기억 속에 오래 남을 선생님이 되고 싶었다.

그때부터 나는 아이들과의 마지막을 어떻게 의미 있게 보낼지 깊이 생각했다. 끝이 좋아야 좋은 기억으로 남는다고 믿었기 때문이다. 여러 생각 끝에, 학급 추억 영상을 만들기로 결심했다. 첫 제자들과의 모든 순간을 기록하고 싶었던 나는, 특별한 활동이 있을 때마다 사진과 영상으로 추억을 남겨 두었기에 더욱 의미있는 영상을 만들 수 있을 거라 생각했다.

처음엔 단순한 영상 편집이라 생각했지만, 막상 시작해보니 결코 쉽지 않았다. 갤러리에 저장된 3,000장 넘는 사진을 하나하나 들여다보며, 모든 아이가 고루 나오도록 고르고 또 고르는 데만 2주가 걸렸다. 사진을 고른 뒤엔 배경음악이라는 큰 벽이 남아 있었다. 영상의 분위기를 좌우하는 요소이기에 더욱 신중해질 수밖에 없었다. 나는 아이들과 그 영상을 함께 보는 순간을 상상했다. 처음엔 웃고 떠들다가도, 노래가 흐르며 서로를 바라보며 눈시울이 붉어지고, '선생님, 헤어지기 싫어요.'라며 아이들이 진심을 내어주는 모습까지. 물론, 마음속 바람이지만 그런 장면을 꿈꾸며 음악을 고르기 시작했다. 그런데 막상 찾으려니 쉽지 않았다. 가사가 좋으면 멜로디가 너무 처지거나 지나치게 슬펐고, 멜로디가 밝으면 가사가 연인 사이의 사랑 이야기였다. 그러다 어느 날, 문득 발견한 한 곡의 가사에 마음이 멈췄다.

괜찮아 실수하고 틀려도 좋아 왜냐하면 정답은 없을 테니까.
괜찮아 몇 번을 물어봐도 좋아 나에게 사랑은 전부 너(희)니까.

가사를 듣자마자 '아, 이거다!'를 속으로 외쳤다. 내 마음을 그대로 옮겨둔 듯한 가사였다.

노래를 찾고 나니 영상편집 작업은 생각보다 수월하게 진행되었다. 가끔 만들다가 눈물이 차오르는 것을 빼면 말이다. 영상 작업을 처음 해보는 것이라 거의 마지막 한 달간은 주말마다 집에 와서 영상을 만들었다. 귀한 주말을 할애하면서 만드는 것인데도 힘든 마음보다는 우리 반 아이들의 반응을 생각하며 기쁜 마음이 더 컸다.

그리고 오지 않았으면 좋았을, 아이들과의 마지막 날이 찾아왔다. 영상을 틀어주기 전에 지난 일 년을 돌아보고 아이들에게 따뜻한 말을 건네며 눈물이 차오를 수 있는 분위기를 조성했다.
"얘들아, 선생님은 너희와 함께한 일 년이 정말 행복했어. 너희도 이 시간을 기억해 주었으면 좋겠어. 선생님이 너희를 정말 많이 사랑한단다. 어디서든 사랑받는 아이로 자라길 항상 응원할게. 그럼, 이제 우리의 일 년을 돌아보며 행복했던 기억을 하나씩 이야기해 볼까?"
"문어의 꿈 우산 춤을 끝내고 나와서 교실에서 다 같이 사진 찍었던 게 기억에 남아요."
"받아쓰기 백 점 받던 순간이 기억에 남아요."
"눈 오는 날 운동장에서 눈사람 만들고 눈싸움 했던 날이요."
"선생님이 그 모든 기억을 담아 하나의 영상을 만들었어. 선생님이 만든 영상을 보고 진짜 마지막 인사를 해보자."

몇몇 아이들은 눈물을 글썽였고 몇몇 아이들은 기대에 가득 찬 눈빛으로 나를 바라보았다. 나도 아이들의 반응을 기대하며 재생 버튼을 눌렀다.

영상을 재생하자마자 내가 기대한 분위기와는 아예 다르게 흘러갔다. 아까 전 추억을 이야기할 때만 해도 눈물을 글썽이던 아이들이 180도 변해서 이야기하기 시작했다.

"선생님 저는 언제 나와요?"

"저는요? 저도요!"

저런 반응을 예상하지 못했지만 당황하지 않은 척 손으로 쉿 모양을 하며 가볍게 넘어갔다. 첫 번째 음악이 끝나고 드디어 내가 고른 노래의 가사가 흘러나왔다.

'모르겠거나 낯설고 무서울 때, 매일 밤 걱정이 되고 어떡할까 고민될 때, 혼이 나거나 마음이 무너질 때'

이 가사를 보자마자 우리 반에서 감수성이 가장 풍부하고 그 아이만은 눈물을 흘려줄 거라고 예상했던 아이가 누구보다 큰 목소리로 이렇게 외쳤다.

"선생님 말도 안 되는데요? 마음이 어떻게 무너질 수 있어요? 하늘이 무너지는 거 아닌가요?"

다른 아이는 이렇게 말했다.

"저는 걱정이 되거나 고민이 없는데요?"

아이들끼리 깔깔거리며 웃기 시작했다. '나도 나도.' '그러니까 가사 웃기다.'라는 소리가 곳곳에서 흘러나왔다. 영상의 음악 소리는 이제 들리지도 않았다. 분위기는 순식간에 누가 누가 더 웃긴 말을 잘 하는지로 흘러갔다. 그 이후의 분위기는 잘 기억이 나지 않는다. 아마도 마지막 날까지 눈물 대신, 조용한 '쉿' 손짓과 약간의 타박으로 마무리했던 것 같다. 집으로 돌아오는 길, 마음이 조금은 허탈했다. '내 진심이 너무 무거웠나? 아이들에겐 아직 이별이라는 감정이 어려운 걸까?' 이런저런 생각이 오갔다. 하지만 시간이 조금 지나자, 그날의 아이들이 생각났다. 엉뚱한 말로 가사를 해석하던 아이들, 영상보다 자기 얼굴이 먼저였던 순수한 반응들. 그래, 그게 바로 저학년 아이들만의 매력이었다.

  감동을 예기치 않게 웃음으로 바꿔버리는 순수함, 선생님의 진심에 엉뚱하게 답하는 그 사랑스러움. 비록 영상은 내가 원하던 감동으로 끝나진 않았지만, 그 아이들의 웃음과 반응은 오히려 오래도록 내 마음에 남았다. 그리고 올해, 또다시 나는 새로운 아이들을 만나 비슷한 기대를 품고, 또다시 추억 영상을 만든다. 이번에도 감동은 없을지도 모른다. 하지만 아이들의 엉뚱하고 사랑스러운 반응을 또 한 번, 기쁘게 받아들일 준비가 되어 있다.

학급 영상에 넣으면 좋을 음악

종업식이나 졸업식 때 아이들과 특별한 추억을 만들고 싶다면 학급 추억 영상을 제작하는 걸 추천합니다. 학급 추억 영상에서 빠질 수 없는 게 바로 음악이죠. 배경음악으로 쓰면 좋을 음악과 그 노래에서 꼭 강조하면 좋을 가사 몇 가지를 추천해 드릴게요.

• 소란- 괜찮아

'힘이 없거나 아무것도 못했을 때, 낯선 곳에 혼자거나 하루 종일 후회될 때 한 번쯤 떠올려줘. 너는 지금 괜찮아 어디라도 가도 좋아. 왜냐면 내가 여기 있을 테니까. 이제 괜찮아 언제든 돌아와도 좋아.'

• 악동뮤지션- 오랜 날 오랜 밤

'그저 곁에서만 있어도 행복했단 걸 그 사실까지 나쁘게 추억 말아요. 오랜 날 오랜 밤동안 정말 사랑했어요. 어쩔 수 없었다는 건 말도 안 될 거라 생각하겠지만, 밉게 날 기억하지는 말아줄래요.'

• 재쓰비- 너와의 모든 지금

'내게 언제의 나를 사랑하냐고 물으면 바로 지금. 날 알아

보고 날 믿어주는 너와의 모든 지금. 아무것도 아닌 건 아무것도 없었어.'

06

김보현

곰팡이

우리가 자라는 길에는 늘 예기치 못한 곰팡이가 드리운다.
그 곰팡이가 참 밉지만, 돌아보면 오히려 더 단단하게 성장할 힘이 되어
주기도 한다. 그래서 나는 오늘도 아이들과 함께,
그 곰팡이 같은 순간을 양분 삼아 자라기를 배운다.

◆

'넌 내 푸른곰팡이 날 구원해 준 나의 천사 나의 세상'

방탄소년단의 'serendipity'라는 노래의 일부이다. 고등학교 시절 방탄소년단에 열정을 쏟던 나는 이 가사가 무슨 의미인지도 모르고 그저 따라 부르고 다녔다. 푸른곰팡이? 곰팡이가 나의 천사야? 나의 세상? 참 알다가도 모를 케이팝이라는 생각만 들었다.

사실 난 곰팡이 하면 이골이 난다. 작년과 올해 우리 반은 모둠별로 방울토마토를 키웠다. 방울토마토 키우기 키트를 사서 모둠별로 하나씩 예쁘게 심고 이름도 지었다. 아주 이상적인 활동이었다. 하지만 작년 기억은 그리 좋지 않았다. 바로 곰팡이 때문에. 학교에 해가 잘 들지 않아서인지, 먼지가 많아서인지 두어 달 정도 지나니 흙 위에 하얗게 곰팡이가 앉아 있었다.

다른 반은 멀쩡히 잘만 크던데, 왜 우리 반만 그런 걸까. 곰팡이가 앉은 방울토마토를 보고 슬퍼할 아이들을 생각하며 나는 매일 아침 곰팡이를 걷어냈다. 곰팡이란 녀석이 참 끈질겨서 한번 걷어내면 끝이 아니라 매일 아침 언제 그랬냐는 듯 또, 새하얗게 앉아 있다. 그냥 쑥쑥 잘 컸으면 좋겠는데, 방울토마토의 성장을 방해하는 걸까. 화도 나도 억울하기도 하였다. 올해도 어김없이 여섯 개의 방울토마토 중 한 화분에 하얗게 곰팡이가 올라와 버렸다.

그냥 잘 자랐으면 좋겠는데, 그걸 방해하는 곰팡이 같은 순간들이 있다. 우리 반에는 내성적인 남자아이가 있다.

"현석이 이 문제 푸는 거 어려웠니? 아니면 쉬웠어?"

"…"

"선생님이 궁금해서 그래~ 어때, 아니면 그저 그랬어?"

"…"

새 학기가 되고 한동안 이 아이의 목소리를 듣지 못했다. 어쩐지 현석이는 끝까지 말을 않고 겨우 고개만 도리도리 끄덕끄덕하였다. 그래도 나와 현석이의 성장을 위해 최선을 다했다.

"잉?! 이걸 벌써 다 푼 거야? 와, 지금 현석이 덕분에 선생님 기분이 너무 좋아졌는걸?"

"아아, 선생님은 현석이 목소리 듣고 싶단 말이야. 얼른 '안녕히 계세요' 해줘. 안 들리는데? 더 크게 해줘!"

내가 2학년인 이 아이에게 괜히 더 찡찡거리고 장난스럽게 옆구리를 쿡쿡 찌르는 시늉을 하며, 현석이와 나 사이의 벽은 허물어지고 있었다. 또, 현석이의 부족한 공부를 보충하기 위해 늘 하교 후 반에서 나머지 공부를 함께 했다. 어느 날은 현석이가 방과 후에 자기 자리에 앉지 않고 내 옆 보조 책상에 조용히 앉았다.

"현석이 오늘은 여기서 공부하고 싶어?"

"… (매우 작은 목소리로) 네에."

"그래 그래, 너무 좋지~ 여기서 하렴."

그렇게 현석이와 나의 경계가 풀리며 현석이가 쑥쑥 자랄 것만을 기대하고 있었다.

업무를 보고 있던 금요일 오후, 하이톡으로 문자가 왔다.

'선생님 오늘 현석이가 친구 바지 잘랐다고 혼내셨죠? 집에서 물어보니까 작년에 그랬던 적은 있어도 어제는 그런 적 없대요. 선생님이 막 다그치시니까 애가 뭣도 모르고 작년 일을 떠올리고 사과를 했나 봐요. 어떻게 잘 알아보지도 않고 그렇게 혼부터 내시는지 정말 모르겠네요.'

정말이지 힘이 쭉 빠졌다.

다른 반 선생님으로부터 우리 반 현석이가 옆 반 친구의 바지를 가위로 잘랐다는 이야기를 들었다. 현석이에게 물어보았더니 맞다고 하여, 그러면 안 된다며 지도하고 친구에게도 사과할 수 있게 도와주었다.

현석이와 나와의 소통 과정에서 오해가 있었을 수도, 엄마와의 소통 과정에서 오해가 있었을 수도 있다. 하지만 이러한 오해는 충분히 해결할 수 있는 문제이다. 학부모님의 화내며 따지는 문자 한 통은 평화로운 금요일 오후의 기분을 확 방해하는, 동시에 잘 성장하던 나와 현석이의 관계를 방해하는 그런 순간이었다. 마치 우리 반 방울토마토의 곰팡이처럼.

와다다 쏟아지는 학부모님의 전화를 겨우 받아내고 주말 내내 찜찜한 기분 속에 살아야 했다. '집에서 현석이와 더 이야기해 볼게요, 네네 알겠습니다.'하는 냉소적인 학부모님의 말투가 잊히지 않아서. 그렇게 주말을 보내고 월요일 아침이었다.

상쾌하기 힘든 월요일이지만, 그날은 우중충한 날씨 때문에 더 힘없는 월요병이었다. 아침에 우리 반 방울토마토에 곰팡이가 더 피진 않았는지 확인하고 있는데, 하이톡으로 장문의 문자가 왔다. 스크롤을 세 번은 내려야 읽을 수 있는, 엄청난 길이의 하이톡이었다. 내용은 대충 이랬다.

'선생님, 현석이와 이야기해 보니 현석이가 그런 것이 맞네요. 제가 섣불리 선생님께 화를 낸 것 같아 죄송합니다.'

어쩌면 어머니가 부끄러우셨을 것 같다는 생각이 들었다. 그리고 다시 하이톡을 읽어보는데, 머리에 또 다른 내용이 남았다.

'이런 행동이 저의 무관심에서 벌어진 일일까 생각도 많이 들었습니다. 자기에게 관심을 보여달라는 마음이 드러난 것인지 걱정이 되고 있습니다.'

나는 자식을 가진 엄마의 마음을 모른다. 자식을 가진 엄마 23명을 상대하고 있지만 그 엄마들의 마음을 '이해'는 해도 '공감'한 적은 드물다. 현석이 어머님은 내게 죄송한 마음과 더불어 현석이의 행동에 당황하고, 걱정되고, 어쩌면 두려웠을 것이다. 단순한 장난도 아니고 가위로 친구의 옷을 자르다니. 그 두려움이 내게는 냉소적인 말투로 표현되었다.

나는 교사로서 현석이의 행동을 어떻게 타이르고 지도할지 고민했었다. 현석이의 입장에서 왜 그랬을까 이해해 보려고 했다. 하지만 자식을 가진 엄마로서 이 상황이 어떨지 전혀 생각해 보지 않았다. 흐린 날 받은 장문의 하이톡 한 통은, 나와 현석이의 성장을 방해한 것이 아니었다. 오히려 엄마의 마음을 공감할 수 있게, 교사로서 나를 더 성장하게 만들어 주었다.

올해는 우리 반 방울토마토의 곰팡이를 걷어내지 않았다. 그다지 큰 기대가 없었다. 그런데 흐린 월요일 퇴근 전, 어쩐지 곰팡이가 있었던 방울토마토의 줄기가 젤 굵고 튼튼했다.

성장을 방해한다고만 생각했던 곰팡이가 방울토마토의 성장을 오히려 도와준 것일까. 오히려 양분이 돼서 쑥쑥 자라게 한 것일까. 학부모님의 연락이 곰팡이 같은 방해가 아니라 나와 현석이의 성장이 되어 준 것처럼.

NOTE

저학년에게는 코딩하듯 더 구체적으로, 더 상세하게!

저학년에게는 정말 하나하나 모든 것을 알려주어야 합니다. 2학년을 2년째 하고 있는 저는 이러한 저학년의 수준에 어느 정도 적응하였다고 생각하였지요. 그런데 아니었습니다.

우리 반에는 아이들이 자유롭게 사용할 수 있도록 색종이를 책장에 보관합니다. 그런데 쉬는 시간이 끝날 때마다 이 색종이 보관함이 엉망이었습니다. 색종이는 삐죽삐죽 튀어나와 있고 뚜껑은 늘 활짝 펼쳐져 있었습니다.

저는 늘 아이들에게 '얘들아, 색종이 사용하면 정리하세요. 내가 사용한 물건은 내가 정리할 수 있어야 합니다.'라는 말을 달고 살았습니다.

하지만 반년 가까이 고쳐지지 않았고 답답한 마음에 한번은 아이들에게 외쳤습니다.

"얘들아, 선생님이 여러 번 말했지요. 색종이 사용하면 꼭 정리해야 한다고. 이렇게 튀어나온 색종이는 모두 빼서 책상에 탁탁 내려치면서 정리하고, 가지런히 넣은 다음에 뚜껑은 딸각 소리가 나도록 닫아야 합니다!"

그런데 다음날부터 변화가 생겼습니다. 색종이가 아주 깔끔하게 정리되어 있었습니다. 2학년 학생들에게 그냥 "정리하세요."라는 말은 너무 추상적이고 두루뭉술해서 입력되지 않았던 것입니다. 어떻게 정리하면 좋을지 '코딩'하듯 하나하나 단계별로 설명하니 아이들은 금세 따라 하였습니다.

저학년 선생님들, 아이들의 행동이 잘 변화하지 않을 때에는 '코딩'하는 것처럼 단계별로 설명해 보세요! '정말 이렇게까지?'라고 생각이 들 정도로 구체적으로요!

07

황상우

인생지사 새옹지마

무심코 던진 작은 돌이 호수에 잔잔하지만 큰 파장을 일으키듯이, 지금 하고 있는 행동은 미래에 어떻게 다가올지 그 누구도 모른다.

◆

"네가 초등학교 선생이 된다고?"

"언제부터 초등교사가 꿈이었는데?"

교대에 입학하는 순간부터 비교적 나를 잘 아는 지인들에게 수도 없이 들었던 질문이다. 상대적으로 늦은 나이로 교대에 진학했기에 더욱 신기하게 느껴졌으리라. 그 질문에 대한 대답은 정해져 있었다. 첫 번째 꿈이 실패했으니까.

스무 살 봄, 나는 서울 소재 사립 이과대학에 입학했다. 이유는 가업이라 할 수 있는 아버지의 직업을 물려받기 위함이었다. 한창 대학 진학에 관심이 많을 시기에 접점이 가장 많은 가족의 직업은 나의 진로 계획 형성에 크나큰 영향을 미쳤고, 나는 자연스럽게 약학전문 대학원에 가기 위한 정석 커리큘럼의 첫 단추를 채우고 있었다.

하지만 이게 웬걸, 공부만 하던 고등학교 시절과는 달리 스무 살의 대학생은 너무나도 자유로웠다. 나는 마치 내일이 없는 사람처럼 현재를 즐기고 또 즐겼다. 그렇게 청춘을 아깝게 허비하다가 도망치듯 군에 입대했다.

전역을 하고 군 생활 동안 강해진 정신 상태를 바탕으로 기존 커리큘럼의 두 번째 단추를 채우러 떠났다. 거기에서 지난날 나의 인생이 무너졌다. 학부 학점이 부족해 편입 시험을 응시할 수 없기 때문이었다.

복학하여 학점을 채우며 일 년을 추가로 낭비하는 것은 스스로 용납할 수 없었고, 나는 시선을 돌렸다. 그렇게 나는 대학 수능 재수학원에 등록했다. 4년간 사용하지 않아 굳어버린 머리로 대한민국에서 가장 공부를 잘하는 이과 재수생들과 경쟁하기란 쉽지 않았다.

하지만 나는 또다시 실패할 수는 없었다. 먹지도 않던 영양제를 먹어가며 공부했다. 그렇게 1년이 지났다. 결과는 매우 좋지도 나쁘지도 않았다. 중학교 시절의 진로 희망을 떠올린 나는 교대와 사범대 중 고민했다. 여러 교대생과 사범대생에게 구한 자문을 바탕으로 집 근처에 있는 교육대학에 지원했고 스물다섯 봄, 나의 예비 초등교사 생활이 시작이었다.

시작은 좋지 않았다. 당시에 무슨 일이 있었던 건지, 입학 성적을 철석같이 믿고 이튿날에 초등교육 심화 전공 학과를 선택해 버렸다. 원하던 학과를 순서대로 수도 없이 지나쳐 입학 전까지 존재조차 몰랐던 '실과교육과' 새내기로 불안하게 교대 라이프의 첫걸음을 내디뎠다.

빗나갔던 심화 전공처럼 나의 예상도 빗나갔다. 실과교육과에는 내가 좋아하는 과목과 활동들이 가득했던 것이다. 목공, 수예, 조리, 원예, 코딩 등 노작 활동을 선호하는 나에게 더할 나위 없는 맞춤형 심화 전공이었다. 나는 그 누구보다 빠르게 각 교과목의 메커니즘(기말고사를 제외한)을 습득하고 도움이 필요한 동기들에게 나만의 노하우를 전수하며 행복하게 실과교육과에 적응해 나갔다.

4학년이 되어 다시금 재수 시절의 기억을 상기시키며 임용고시를 준비했고 운 좋게 합격할 수 있었다. 나의 두 번째 꿈이 실현되는 순간이었다. 이맘때쯤 부모님이 조심스럽게 나를 향한 걱정을 내비치셨다. '당신들께서 근 30년간 봐오신 아들 황상우가 과연 초등교사라는 직업과 잘 어울릴 것인가'에 관한 내용이었다.

나는 불의를 보면 참지 못한다. 아니, 참지 않는다는 표현이 더 적절할 것이다. 언제나 자신감에 차 있고, 입바른 소리를 하지 못하며, 누군가와 싸우는 일도 마다하지 않는 호전적인 성격이다. 그 당시 초등교사와 학부모 사이의 갈등으로 뉴스가 도배되어 있었다. 부모님의 걱정이 전혀 이상하지만은 않은 상황이었다.

그렇기에 상대적으로 성격이 유순한 동생과 직업이 바뀐 게 아니냐는 농을 던지시며 나의 앞날을 응원 반, 걱정 반으로 축하해 주셨다. 나는 언제나 부모님께 든든한 아들이어야 했기 때문에 평소와 같이 자신감 넘치는 포부를 밝히며 부푼 기대를 안고 내 첫 직장으로 출근했다.

"일은 할만해? 동료 교사나 학부모와 갈등은 없고?"

교단에 선지 100일 정도 되어 만나는 사람마다 나에게 질문을 던졌다. 나는 웃으며 당당하게 대답했다.

"천직을 찾은 것 같다."

한번은 우리 반 아이가 밸런스 게임 카드를 들고 와 나에게 질문을 던졌다.

"선생님은 '과거로 가서 쪽팔린 경험 고치고 돌아오기 vs 행복했던 순간으로 돌아가기' 중에 무엇을 선택하실 거예요?"

잠시 고민을 마치고 나는 후자를 선택했다. 아이들은 의아한 눈빛으로 되물었지만, 나는 선택을 번복하지 않았다. 이유는 간단하다. 진실로 나는 지금, 이 순간이 너무나도 행복하다. 만일 우리 반 아이가 가져온 게임처럼 행복했던 순간으로 돌아갈 수 있다면, 나는 2025년 현재 우리 햇반의 담임으로 돌아가고 싶다.

인생지사 새옹지마라고 했던가. 20대 초반, 나의 지우고 싶은 과거가 마치 작은 나비의 날갯짓처럼 흐르고 흘러 현재의 행복한 교직 생활을 만들어 낸 것이다.

당연하게도 이러한 과정에서 수없이 많은 주변의 도움과 행운이 필요하다. 나의 두 번째 도전을 지원해 주신 부모님의 헌신, 내가 치른 임용고시의 당해 경쟁률, 발령받은 학교의 동료 선생님들, 우리 반 아이들의 정신 상태, 학부모님들의 협조까지. 너무나 감사한 일들이 연쇄적으로 벌어졌고, 그 결과는 웃으며 출근할 수 있는 나의 에너지 레벨로 나타났다.

그것은 비단 나만 느끼는 건 아니었나 보다. 주변 사람들은 나의 얼굴이 눈에 띄게 밝아졌다 하였고, 비록 신규지만 학교생활에 무리 없이 적응하는 모습이 보기 좋다고 말해주었다.

이 글을 쓰고 있는 나는 이제 막 교단에 선 새내기 교사일 뿐이다. 그렇지만 지금의 열정과 행복감을 바탕으로 앞으로의 교직 인생을 푸른빛으로 물들일 것이다. 그렇게 난 우리 반 아이들과의 여섯 교시를 기대하며 오늘도 학교로 발걸음을 옮긴다.

NOTE

- **새로운 꿈을 가져보세요**

이 책의 독자는 비단 교사로 한정되어 있지는 않을 겁니다. 교사가 아닌 사람 중에 혹시라도 자신이 누군가를 가르치는 일에 관심과 흥미가 있다면 새로운 꿈에 도전해 보세요. 21세기 100세 시대는 너무나 길고, 또 혹시 알아요? 인생지사 새옹지마라는데, 나의 새로운 도전이 나 자신 그리고 이 나라의 희망인 누군가의 미래를 바꾸어 놓을지!

- **교사가 되는 방법**

초등 교사가 되려면 먼저 교육대학교에 진학해야 합니다.

교육대학교는 대학수학능력시험을 통해 진학할 수 있습니다. 초등교육과에 입학하면 여러 세부 심화 전공(국어교육학과, 사회교육학과 등)을 선택해야 합니다.

자신의 흥미와 적성에 맞게 전공을 선택하는 것을 추천합니다. 혹여나 원하지 않는 전공에 걸렸다고 해도 너무 걱정마세요! 교육대학마다 상이하겠지만, 대부분 2학기를 마치고 나서 전과를 할 수 있는 기회가 열립니다.

8학기 동안 각종 교육학과 초등학생들을 가르치기 위해 필요한 지식을 배우고, 2~4학년 때는 주변의 초등학교로 교육 실습을 나갑니다. 흔히 말하는 교생이죠. 교육 실습은 최선을 다해 참여해야 합니다. 우스갯소리로 교대에서 4년 동안 배우는 지식보다 4주 동안 진행되는 교육 실습이 더 도움이 된다는 얘기가 있을 정도니까요.

4학년 때는 본격적으로 초등 임용고시를 준비하게 됩니다. 임용고시는 1차 시험과 2차 시험으로 나누어져 있습니다. 11월에 치르는 1차 시험은 필기, 다음 해 1월에 치르는 2차 시험은 대면 면접입니다.

우리나라의 미래를 위한 가르침의 꿈을 꾸는 모두가 자신의 진로 희망을 꼭 이루길 바랍니다.

08

염덕원

마이쮸 좀 주세요!

마이쮸 하나를 위해 온갖 원칙을 지킨 날도,
어떻게 하면 선생님을 웃겨볼까 하며
고민했던 날도 모두 행복한 추억이 되길.

◆

　아침 자습시간, 5학년 교실은 조용히 책 읽는 시간이 한창이었다. 그런데 앞문이 열리며 조그만 1학년 학생이 들어왔다. 담임 선생님은 말없이 그 학생을 바라보았고, 학생은 조심스럽게 선생님께 다가와 속삭였다.

　"마이쮸 좀 주세요…"

　비밀스레 속삭였다고 생각했겠지만, 그 목소리는 교실 안에 고스란히 퍼졌다. 평소 간식을 주는 일이 드물던 선생님은 웃으면서 이례적으로 1학년 학생 품에 한가득 간식을 안겨주었다. 학생은 만족한 얼굴로 사라졌지만, 5학년 아이들의 표정은 사뭇 달랐다.

　'우리한테는 잘 안 주시더니…' 하는 듯한 눈빛들이 선생님을 향해 날아들었다.

　선생님과 친한 1학년 선생님이 급하게 수업 때 사용할 간식이 필요해서 보낸 심부름꾼이었는데, 사정을 모르는 5학년 학생들은 대단히 서운한 표정으로 선생님을 쳐다볼 뿐이었다. 머쓱해진 선생님은 별말 없이 다시 업무에 집중했고, 이내 쉬는 시간이 되자 다시 앞문이 열렸다.

　"마이쮸 좀 주세요!!!"

이번엔 누가 봐도 5학년인 아이가, 겉옷을 거꾸로 입고 조그맣게 쪼그려 앉아 콩콩 뛰어 들어왔다. 키가 큰 5학년 학생이었는데, 1학년처럼 작게 보이려고 겉옷을 입고 쪼그려 앉아서 들어온 것이었다. 결국 선생님도 웃음을 터뜨렸고, 미안함을 담아 학급 전체에게 간식을 나눠주며 수업을 시작했다.

최선을 다했던 교직 생활 첫해에서 가장 기억에 남는 일이다. 재밌게도 선생님인 나만 기억에 남은 게 아니라, 이미 졸업한 지 오래된 그때의 학생들도 그 에피소드를 기억하고 이야기한다.

초임이었던 나에게는 학생들의 학업 성취도 중요하고, 인성적으로 올바른 사람으로 지도하는 것도 중요하다. 그리고 교실이 질서 있게 흘러가는 것도 중요했다. 그래서 매일매일 명강의를 준비하고자 수업 계획표는 촘촘했고, 평가 기준은 엄격했으며, 평소 행실이 우수하고 학급에 공헌을 한 학생들만 가끔 상으로 간식을 받았다.

하지만 오래도록 마음에 남은 것은 우수한 행실이 아니라, 어떻게 선생님을 웃겨볼까 하는 학생들의 마음에 내가 항복했던 순간이었다. 촘촘한 수업 계획이 학생의 성장에 큰 도움이 된 건 사실이지만, 그러면서도 인간적인 소통과 예외를 두며 서로가 가까워지는 순간이 있어야 더 많은 이야기가 가능했었다.

교실은 내가 완벽히 통제할 수 있는 공간이 아니었다. 수업을 설계하고 규칙을 세운다고 해서 모든 게 뜻대로 흘러가진 않았다. 아이들의 감정과 관계는 항상 내가 세웠던 틀 바깥에서 자라났고, 그 자유로운 흐름을 막는다고 해서 교실이 더 좋아지는 건 아니었다.

그것을 몰랐던 예전의 나는 교사의 역할을 '질서를 유지하고 흐름을 조절하는 사람'이라 여겼다. 수업의 흐름이 어긋나면 다시 잡아야 했고, 규칙에서 벗어난 행동은 반드시 되돌려야 했다. 마치

물줄기를 수문으로 제어하듯, 교실 안의 모든 일이 내 계획 안에서 움직이길 바랐다.

하지만 시간이 흐르면서 깨달았다. 아이들은 내가 정한 길 위에서만 자라지 않는다. 그들은 웃기 위해, 장난을 위해, 혹은 나와 마음을 나누기 위해 질서와 흐름을 벗어난다. 그리고 그런 순간 또한 진짜 배움과 관계가 자라는 시간이었다.

지금은 그때처럼 계획을 철저하게 세우지도, 규칙을 엄하게 적용하지도 않는다. 비가 오는 날엔 교실 한 켠에 둘러앉아 간식을 나누고, 배가 고프다고 말하는 아이와 눈이 마주치면 '그럼 일단 간식 하나씩 먹고 하자'고 말하며 책을 덮는다. 수다를 한참 떨다가, 분위기가 무르익을 즈음 느지막이 교과서를 펼치는 날도 있다. 놀랍게도 그런 날이 더 집중이 잘 된다.

때로는 돌아가도 되고, 때로는 예외가 있어도 된다. 그걸 알게 된 후에 교실은 밝아졌고, 나도 학교가는게 더 즐거워졌다.

규칙도 중요하고 수업도 중요하지만, 가끔은 '웃기고 싶은 마음'과 '져주고 싶은 마음'이 만날 때 교실은 훨씬 더 따뜻해진다. 그리고 나는 오늘도 속으로 다짐한다.

'그래, 오면 또 주지 뭐.'

NOTE

그 순간, 아이들은 자라고 있었습니다

교실은 교사의 계획대로 흘러가지 않습니다. 아이들은 예상한 틀 안에서만 자라지 않고, 때로는 예상 밖의 순간에서 더 크게 자랍니다. 우리가 당황하고, 웃고, 망설이는 그 틈이 아이들에게는 '선생님도 사람'이라는 믿음을 주고, 그 믿음은 교실을 더 안전하고 따뜻한 공간으로 만들어줍니다.

지금, 이 순간에도 수업 준비와 학급 운영, 평가와 기록 사이에서 분투하고 있을 선생님들께 말하고 싶어요. 잘 짜인 수업도 중요하지만, 마음이 오가는 교실은 아주 작은 예외에서 시작되기도 합니다. 오늘 계획한 대로 수업을 하지 못했더라도, 아이와 함께 웃었다면 그 하루는 분명히 의미 있던 날입니다.

가끔은 규칙보다 관계를, 지시보다 기다림을 먼저 두어도 괜찮습니다. 마이쮸 하나로 시작된 웃음처럼, 작고 우스운 순간이 오래도록 기억에 남는 배움이 될 수 있어요. 교사의 어제는 완벽해서 기억에 남는 것이 아니라, 함께 웃고 흔들렸기 때문에 오래 남는다는 걸 잊지 않으셨으면 합니다.

09

임은광

금토일

아이들은 가르침의 대상이자 가장 큰 선생님이다.
순수한 질문 하나, 엉뚱한 대답 하나가 나를 돌아보게 한다.
오늘도 나는 아이들과 함께 배우며 성장하고 있다.

◆

월화수목금토일 무슨 요일 일까요
어제는 월요일 오늘은 화요일
월화수목금토일 오~늘은 화요일

우리 반 아이들이 한 주의 흐름과 '요일'이라는 개념을 자연스럽게 배우기를 바라는 마음으로, 간단한 요일 노래를 만들어서 아침마다 부르기 시작했다. 아이들이 잘 알고 있는 동요를 개사한 거라 생각보다 쉽게 노래를 익히는 모습을 보였다.

노래 외에도 아이들과 함께 칠판에 요일 카드를 순서대로 붙이며 읽고, 일과가 끝나기 전에는 내일이 무슨 요일인지 이야기를 나누는 시간을 가졌다. 아이들이 요일을 꼭 외우지 않아도 괜찮았다. 일주일이 어떻게 흘러가는지 조금이나마 기억하고 느끼는 것만으로도 충분하다고 생각했다.

사실 '시간'이라는 개념은 유아에게 매우 추상적이고 어려운 개념 중 하나이다. 특히 '요일'은 해가 뜨고 지는 것처럼 자연적인 시간이 아니라, 사람들이 만든 문화적 시간이다 보니 유아가 이를 직관적으로 이해하기에는 결코 쉽지 않다. 특히 3세 아이에게는 '오늘'과 '어제'도 아직 헷갈릴 때가 많다. 해가 뜨고 지는 건 느낄 수 있지만 시간의 흐름을 '요일'이라는 틀에 맞춰서 받아들이는 것은 아이에겐 조금 억지스러운 느낌일 수 있다. 이러한 개념은 교사가 자주 접할 수 있도록 환경을 조성해 주고, 관련 이야기를 자주 나누었을 때 더 잘 배울 수 있다.

아침 인사를 한 후 요일 노래를 부르면서 하루를 시작한 지 일주일 정도 지나자 아이들은 요일에 관심을 점점 가지기 시작했다.

"선생님, 오늘은 무슨 요일이에요?"

"우리 집에서 엄마한테 물어봤어요. 오늘은 수요일이래요!"

어떤 아이는 노래를 시작하기도 전에 먼저 답을 말하며 스포를 하기도 했다.

아이들이 요일에 관심을 갖고 반응하는 모습을 보이는 건 요일 개념을 가르치고 있는 교사로서는 큰 기쁨이었다. 그 모습이 얼마나 귀엽고 사랑스러운지. 그렇게 자연스럽게 요일이 일상에 스며들고 있었다. 아이들이 요일에 꽤 많은 관심이 생긴 듯해서, 조금 이르지만 기대하며 아이들에게 질문을 던졌다.

"얘들아, 어제는 목요일이었지? 그럼 오늘은 무슨 요일일까요?"

그 질문에 몇몇 아이들이 조용히 "월화수목금토일…" 하고 읊조리더니, 갑자기 큰 목소리로 외쳤다.

"금토일!"

"오늘은 금토일이에요!"

그 소리를 들은 다른 아이들도 자신감 넘치게 따라 외쳤다.

"금토일! 금토일!"

아, 정말이지 그 순간은 절대 잊지 못할 것이다.

아이들의 대답이 너무 귀엽고 사랑스러웠지만, 동시에 교사로서 깊은 반성을 하게 되는 순간이었다.

대학 시절부터 아이들을 '스펀지'에 비유하는 이야기를 종종 들었다. 물이 스펀지에 스며들 듯 아이들은 가르치는 것을 그대로 흡수한다는 뜻에서 이러한 표현을 사용하는 것이다. 왜 그런 표현을 사용하는지 단번에 이해한 순간이었다. 정말 이 정도로 스펀지일 줄이야.

아이들은 가르친 그대로 목요일 다음이니 '금토일'이라고 아주 똑똑하게 대답해 주었다. 내가 똑똑지 않았을 뿐.

다행히 지금 아이들은 내가 어떤 요일인지 물어보면 ○요일이라고 대답하고, 월요일과 목요일은 체육복 입는 날, 금요일이면 내일은 유치원 안 오는 날인 것도 먼저 말할 정도로 요일에 익숙해졌다.

그리고 이 경험을 통해 교사인 나도 더 큰 배움을 얻었다. 오개념을 가르치지 않기 위해서 교사는 생각보다 더 섬세하고 치밀해야 한다. 특히, 처음 학교를 다니는 3세 아이들을 가르치는 교사라면 더더욱 그럴 것이다.

그날 이후, 수업을 준비할 때마다 아이들의 눈높이로 보려고 노력한다. 성인에게는, 아니 초등학생만 되어도 당연한 것들이지만, 아이들에게는 그게 상대성 이론의 난이도일 수도 있다. 아주 쉽게, 아주 재밌게, 아주 세심하게 하나씩 알려주어야 한다. 다행히 아이들은 너무나 스펀지 같아서 내가 가르친 것을 쑥쑥 흡수해 나간다. 나도 처음이고, 우리 반 아이들도 처음인 이 학교에서 우리는 함께 뭐든지 잘 배우고 있다.

> **NOTE**
>
> ### 아주 작은 변화
>
> 교사는 아이들이 항상 우리의 말을 잘 경청해 주기를 바랍니다. 하지만 유아는 자신이 흥미를 느끼지 않는 이야기는 잘 듣지 않으려 하고, 교사가 하는 말을 한 귀로 듣고 한 귀로 흘려보내기도 합니다. 줄을 서서 다른 장소로 이동할 때는 유아들이 주변 풍경이나 사람들에게 신경이 팔려 줄을 이탈하기도 하고, 정리 시간에는 정리를 하다가도 놀잇감에 금방 흥미를 빼앗겨 갑자기 놀이를 시작하기도 합니다.
>
> 이럴 때 간단하지만 효과적으로 아이들이 교사의 말에 집

중하도록 하는 방법이 있습니다. 바로 교사의 말에 리듬을 붙이는 것입니다. 예를 들어, 아이들과 줄을 서서 출발할 때 '출발해도 되나요?'라는 말을 유아들이 익숙한 노래 리듬에 맞추어 "출~발해도 되~나요♪"라고 말할 수 있습니다. 여기서 아이들이 "출발해도 됩니다!"라고 답하면서 가볍게 문답식 가사를 주고받는 것도 즐겁게 소통하는 하나의 방법입니다.

장소를 이동하다가 아이가 다른 곳에 시선이 분산되는 것처럼 보이면 역시 "이~쪽으로 오세요♪"라고 경쾌한 리듬을 넣어 아이에게 말을 할 수 있습니다. 평소와 같이 "애들아, 여기로 오세요."라고 말할 때보다 훨씬 더 교사의 말에 집중하는 아이들의 모습을 볼 수 있습니다.

한참 수업을 하다보면 아이들이 집중하기 어려워하는 순간이 있습니다. 이때도 "시~작해도 되~나요♪"라고 말하면서 주의를 환기시키면, 아이들의 눈이 다시금 반짝반짝해지는 모습을 볼 수 있습니다.

아주 작은 변화로 교사가 여러 번 반복해서 말하지 않아도 아이들이 교사의 말을 더욱 주의 깊게 듣도록 지원할 수 있습니다.

교사의 말에 간단하고 흥겨운 리듬을 넣어보세요!

장덕진

슬램덩크 속 안 선생님, 우리 학교 장 선생님

2025년 현재, 우리 학교의 장 선생님은 과거에는 신기술을 적용하기 위해 아이들을 엄격하고 혹독하게 지도하여 전국 최정상으로 이끌었으나, 지금은 아이들과 함께 웃으며 피구와 놀이 활동을 즐기고 있다.

◆

　스포츠 만화의 전설이자 어쩌면 전 세계 만화 역사에 길이 남을 명작 중 하나인 『슬램덩크』에는 다양한 주인공이 등장한다.

　원작의 주인공인 강백호부터 천재 서태웅, 포기를 모르는 불꽃 남자 정대만은 물론이며 메가 히트한 영화 「더 퍼스트 슬램덩크」 속 주인공인 송태섭까지 캐릭터 한 명, 한 명이 엄청난 매력과 개인사 속에서의 울림까지 정말 각양각색의 캐릭터가 등장한다.

　그런데 나에게 있어서 가장 매력적인 캐릭터, 어쩌면 나와 가장 닮은 모습을 보여주는 사람이 누구일까라고 생각했을 때 이 캐릭터가 계속 떠올랐다.

　북산고교의 농구부 감독이자 "안 선생님, 농구가 하고 싶어요."라는 희대의 명대사의 대상인 안한수 감독이다. 과거의 화려한 경력과 호랑이 스타일의 성격. 그리고 대비되는 현재의 모습. 안한수 감독의 모습을 통해 교사로서의 현재 나에 관해 이야기 해보고자 한다.

　안한수 감독은 국가대표 출신이자 대학 농구팀 최고의 명장 출신으로 엄격하고 냉정한 코칭 스타일로 명성을 떨쳤으나 현재는 소위 '방임'이 아니냐는 평과 함께 온화하며 인자한 모습을 보인다.

　이러한 모습은 현재의 내 모습과 많이 매칭되는데, 과거의 나는 성과주의적인 성향이 강했다. 아이들에게 훈련처럼 교육했다. 선생님의 반이 된 너희들은 최고의 교육을 받게 해주겠다. 너희가 지금 받고 있는 교육이 최신의 교육이자 전국 최고 수준의 교육이 되도록 하겠다는 지금 되돌아보면 부끄럽고 어쩌면 오만한 생각에 빠져 아이들을 지도했었다.

물론 그것이 멋진 성과로 돌아오기도 했다. 나에게 '최연소' 혹은 '최다'라는 타이틀을 가져다주었고 여러 수상과 그렇게 쌓인 명성으로 이런저런 새로운 일감까지 연결되어 보통의 사람이라면, 일반적인 교사라면 하지 못할 수많은 일을 경험할 수 있게 해주었다.

다만, 지나고 보니 많은 생각이 들었다. 과연 아이들이 나의 교육을 좋아했을까? 나는 아이들에게 최신의 교육을 준다고 하였으나 어떻게 보면 검증되지 않은 교육이었고 나의 열정은 어느 순간 아이들을 위함이 아니라 나의 위치와 자리를 위함으로 변모한 것은 아닌지 스스로 반문하는 시간이 다가왔다.

교육에서 학생이 아닌 교육 프로그램만 남는 순간을 목격했을 때, 내 삶은 크게 달라졌다.

안 선생님이 역대급 재능이 있다고 생각했지만, 그렇기에 오히려 더 혹독하게 대했던 '재중'에게 발생한 사고를 목격한 경험이 나에게도 비슷하게 생겼다. 열심히 잘하는 아이들이라고 생각했던 아이들이 어쩌면 나의 욕심에 의해서, 내가 주는 것이 반드시 좋은 것이라 판단한 나로 인하여 학생의 주도성은 설 자리를 잃어가는 게 아닌가 생각했다. 그리고 그러한 생각 끝에서 나는 변화하기 시작했다.

내 생각은 틀릴 수 있다. 그리고 나의 교육은 정말 많은 교육의 방향과 갈래 중 하나이다. 그리고 교육의 중심은 우수한 교육 프로그램이 아니라 아이들이다. 마침내 아이 한 명 한 명의 목소리가 더 중요하고, 그들의 상항에서 그들의 자유와 주도성을 갖는 것이 중요하다는 생각에 이르게 되었다.

그러자 엄격하던 나의 모습, 잘못에 대해 크게 화를 내고, 아이들에게 일방적으로 수업을 리딩하던 과거의 안 선생님은 더 이상 내 교실에서 없어졌다. 최대한 아이들의 활동을 존중하고 아이도 결국 자유인인데라는 생각에서 다른 사람에게 피해를 끼치지 않으면 과한 제재를 하지 않는 쪽으로 전환되었다. 어쩌면 누군가는 방임이라 생각할 수 있지만, 나의 입장에서는 중도적으로 균형이 맞추어진 교실이 만들어졌다.

만화와 현실은 다르다지만 슬램덩크 속 안 선생님, 그리고 우리 학교 속 장 선생님은 같은 과거를 겪었고 같은 방향을 외치고 있다. 안 감독님을 보고 있으면 내가 왜 지금 교실 속 장 선생님이 되었는지도 알 것 같다. 슬램덩크는 소년 만화이기도 했으나 안한수 감독이 '농구인'으로서 스스로 죽어가던 상황에서 치유하고 다시 열정을 찾아가는 성장 만화였다.

나도 언젠가 어쩌면 또 교직 생활 중 강백호, 서태웅과 같은 재능을 다시 볼 수 있을 수도 있다. 그리고 무리해서라도 욕심을 내서라도 전국에서 가장 우수한 학생으로 그들의 이름을 휘날렸으면 하는 날이 생길 수 있다. 교사인 나의 입장에서도 과거의 명성을 위한 노력을 재개하는 순간이 생길 수도 있다. 그때 나는 어떻게 할 것인가 고민이 든다.

　다만, 지금 교실 속 장 선생님은 안 선생님이 먼저 간 걸음 덕분에 어느 정도의 삶의 힌트가 있고 아직은 전국대회 전의 감독님처럼 모든 아이의 자율을 존중하는 어쩌면 방임이라 비난받을지 모르는 상태로 있으며 그대로 있고 싶다. 아직 나는 전국대회에 북산고교가 출전하기 전 안 감독님의 상황인 것 같다.

　우리 학교의 장 선생님은 과거 엄격하며 신기술을 적용하기 위해 아이들을 혹독하게 대하면서 그들을 전국의 맨 앞자리에 이끌어 갔으나, 2025년 현재 지금은 아이들과 웃으며 피구와 놀이활동을 하는데 집중하고 있다. 그가 다시 시작하는 순간이 돌아올 지 이 책을 읽으시는 분들이 함께 지켜봐주시면 좋을 것 같다.

> NOTE

선생님만의 노하우 – 열정과 여유의 균형

아이들에게 좋은 교육 프로그램을 주겠다는 일념으로 무언가를 하는 것은 교사에게 필요합니다. 특히 이는 '열정'이라는 교사의 전문성으로 이야기될 수 있습니다. 경력과 무관하게 무언가 새로운 것을 익히고 배워 학생에게 주는 것은 참으로 바람직한 일이고 그것이 교사의 역할 중 하나라고 생각합니다. 다만, 아이들을 위한 마음에서 시작한 일이 아이들과 나를 위한 일로 나아가다 어느 순간 나를 위한 일이 되는 순간을 마주할 수 있습니다. 아마 열정 있는 선생님일수록 더 그럴 확률이 높다고 봅니다.

그 선을 넘는 순간 더 이상 교육의 본질적 기쁨이 느껴지지 않고, 일로써 교육이 느껴지게 됩니다. 그렇게 일로써 아이들을 교육하는 것이 지속된다면 어느 순간 누군가에게 상처를 줄 수 있고, 교사에게 있어 그것은 엄청난 회의감과 당혹스러움으로 돌아옵니다.

전국에 50여만 명의 교원이 있고, 그들의 교실이 모두 서로 다릅니다. 저의 경우도 단 하나의 교실 사례이고 경험입니다. 교사 주도로 리더십 있게 이끌어 가는 것도 중요하지만, 변혁적 리더십으로서 내가 솔선수범하고 아이들의 의견을 수용하며 편안하게 해주는 방식을 택하는 것도 교사로서의 보람과 아이들과의 '관계' 측면에서 매우 좋은 것 같습니다. 다만, 언젠가 북산고교처럼 전국대회에 나갈 핵심적 상황이 생길 것이고, 그렇다면 온화하며 아이들을 균형 잡힌 자율 속에 두었던 나의 모습이 변화해야 할 순간을 맞이할지도 모릅니다.

제가 드리고 싶은 말씀은 교사가 아무것도 하지 말라는 점이 아닙니다. 열정을 가지고 아이들을 지도하는 것에 더하여 교육이 아이들의 위함 정도가 줄어들어 어느 순간 나만을 위함이 다가오는 순간을 경계할 것을 제안드리는 바입니다.

교사라는 직업은 다양한 상황에서 전문성을 발휘해야 하는 고도의 기술과 따뜻한 마음이 필요한 어려운 전문직입니다. 따라서 저는 흰머리 호랑이라 불리던 날카로운 시절의 안한수 감독도, 영감님이라 불리는 후덕한 안한수 감독님의 시절도 교사는 모두 경험해 보아야 한다고 생각합니다. 그러한 다양한 경험 속에서 새로움이 또 꽃피어나지 않을까 생각합니다.

올해 저는 영감님이라 불리는 후덕한 안한수 감독처럼 교실에 남아 있습니다. 아이들과 좋은 관계를 맺고 있어 행복합니다. 아이들이 원하는 대로 의견을 들어주고 그들을 위해 살다보면 때로는 교사가 원하는 대로 학급을 이끌어 갈 수 없다는 한계도 있지만 그것조차 행복한 교육의 방식이라 생각합니다.

 여러분도 각자의 방식대로 전문성을 발휘하여 열정과 여유 사이의 교육을 실현하시길 바랍니다.

11

김진수

화음으로 만들어진 세상

배운다는 건 가르친다는 건 희망을 노래하는 것.
노래를 부르고 아이들을 바라본다.
올해도 아이들과 멋진 화음을 만들어 갈 수 있을 것 같다.
우린 함께 희망을 노래할 것이기 때문에.

"랄라랄라 랄라 랄라라 뻐꾹"

군 입대 전에 학년 대표 수업을 했다. 입대 하기 전 기념으로 학년 대표 수업을 하면 어떠냐는 부장님의 말씀에 패기 충만했던 교직 생활 3개월 차였던 나는 '할 수 있습니다'라는 말과 함께 좋아하는 음악교과를 펼쳤다.(참고로 난 체육교육과를 졸업했다.)

뻐꾸기 합창이 눈에 들어왔고 기타를 메고 아이들과 함께 3부 합창을 수업 중에 실현하였다. 아이들과 노래를 부르는 순간이 즐겁고 행복했다. 그 어떤 매체를 준비하지 않고 기타 하나로 40분 수업 전체를 이끌어가는 모습을 상상해 보라. 개선장군이 따로 없다.

더운 여름이었고, 정장을 입고 공개수업을 하였기에 땀은 비가 오듯 쏟아졌다. 뒤편에서 수업을 참관하던 20명 남짓의 선생님들은 내가 긴장을 많이 한 것 같아 땀을 흘렸으리라 여겼다. 긴장보다는 이 순간이 마냥 즐거웠다. 노래를 워낙 좋아했던 나로서는 무대포 정신으로 어떻게 시간이 흘러갔는지 기억 나진 않지만, 수업을 참관하신 선생님의 칭찬이 아직 기억에서 선명히 들리는 듯하다.

음악은 나의 벗이다. 학창 시절 친구 어깨너머로 배운 기타 연주는 지금까지 잘 활용되고 있다. 고등학교 시절에는 서울 영등포 우체국 앞에서 노래 네 곡을 번갈아 가며 1시간 남짓 버스킹을 한 적이 있다. 기타를 잘 연주하고 노래를 잘해서 했다기보다는 그 자체를 즐겼기에 가능했다. 기타 선율에서 전해지는 아름다움은 내 인생의 어울리는 화음을 연주하는 것처럼 느껴졌다.

도미솔, 기타로 연주하면 기본이 되는 C코드. 서로 다른 음이 한데 어우러지는 모습이 참으로 신기했다. 대학 시절 통기타를 연주하며 노래 부르는 동아리에 가입했다. O.T 때 선배들이 연주하고, 부르는 모습에 반한 나는 신입 회원 동아리 모집할 때 첫 번째로 가서 바로 오디션을 보았다. 결과는 당당히 합격! 당시 오디션 본 친구는 모두 합격이었다.

매일 동아리방에 가서 기타 치며 노래를 불렀다. 한 친구가 노래 부르면 그에 어울리는 화음을 넣어 함께 불렀다. 화음의 어우러짐이 나를 새로운 세상으로 인도해 주는 느낌이었다.

동아리에서는 음악부장을 맡았는데 콘서트에 부를 노래를 선곡했다. 노래를 선곡하기 위해 시도 때도 없이 음악을 들으며 흥얼거리는 하루의 연속이었다. 그때는 몰랐다. 당시의 경험이 훗날 교직에서 아이들과 행복한 화음을 이뤄가는 데 큰 작용이 되리라는 것을.

교직에 막 발을 들였을 때 6학년 담임을 했다. '첫 만남에 아이들과 무엇을 하면 좋을까?'라고 생각하던 찰나에 눈에 보이는 것이 있었다. 봄 햇살에 밝게 빛나는 나만의 기타. 다양한 생각이 들었다.

'내 소개를 기타 연주와 함께 노래로 표현해 볼까?'

'〈예쁘지 않은 꽃은 없다〉라는 동요에 아이들의 이름을 하나씩 넣어 불러줄까?'

다른 할 일도 많았지만 첫 만남 이벤트로 노래 두 곡을 준비했다. 첫 번째 곡 「예쁘지 않는 꽃은 없다(이창희 작사, 백창우 작곡)」에 아이들의 이름을 넣어 부르기. 두 번째 곡 「꿈꾸지 않으면(간디학교 교가)」을 부를 때 아이들은 두 눈을 감고 가사를 음미하여 내 노래를 듣는다.

첫 만남 이벤트는 이것으로 충분했다.

아이들과의 첫 만남이라서 그런지 팬스레 긴장한 모습이다. 4년 동안 대학교에서 교육을 받고 바로 2년 동안 교생 실습을 했음에도 긴장되는 것은 마찬가지다. 내가 기타를 꺼내니 "와" 여기저기 함성이다. 이 순간만큼은 연예인이 부럽지 않다. 기타 6줄에서 퉁겨지는 하나하나가 우리 아이들의 모습과 겹친다. 화음이 어우러진 모습. 미화는 '도'로, 시후는 '레'로, 경미는 '솔'로. 각자가 내는 음이 하나가 되니 그 어느 때보다 아름다운 선율이 된다.

간혹 불협화음(b 또는 #)이 있을 때는 손가락을 다시 잡거나 조율하면 된다. 다시 하모니의 세계로 아이들과 함께 한다. 기분 좋은 화음이 들린다. 으뜸화음 완성이다. 새로운 코드로 또 다른 모습을 그려낸다. 캐논 변주곡의 기본 스케일이 그려졌다. 우리 반을 위한 노래가 완성된다.

"배운다는 건 가르친다는 건 희망을 노래 하는 것."

노래를 부르고 아이들을 바라본다. 올해도 아이들과 멋진 화음을 만들어 갈 수 있을 것 같다. 우린 함께 희망을 노래할 것이기 때문에.

NOTE

반가를 만들어보세요

아이들과 매년 반가를 만듭니다. 4절지를 가로로 나눠 길게 붙입니다. 긴 현수막처럼 되지요. 모둠별로 1개씩 줍니다. 우리 반이 어떤 반이 되었으면 좋은지 아이들과 브레인스토밍을 거쳐 모둠별로 1~2문장을 만듭니다.

모둠별로 만든 문장의 순서를 섞어 하나의 노랫말을 만듭니다. 반가 가사가 완성되었습니다. 멜로디를 만듭니다. 악기로 연주할 수 있으면 금상첨화입니다.

만약 악기 연주가 어렵다면 AI를 활용해서 반가를 만들 수 있습니다. 세상에서 하나뿐인 우리 반의 노래가 완성되었습니다. 이 노래로 이미지 뮤직비디오로 만들면 더 풍성합니다. 이 과정을 통해 우리는 하나라는 느낌을 받게 됩니다.

2장

아이에게 배우는 교사

완벽하지 않아도,
함께 자라는 존재로서의 교사

월요일은 싫어도 교사는 하고 싶어

01

문정원

아이스티 데이트

아이스티 한 잔을 사이에 두고 마주 앉았던 그 순간들이,
언젠가 아이들의 기억 속에 따뜻한 온기로 남아 있기를 바라며.

◆

　작년에는 4학년, 올해는 5학년을 가르치고 있다. 한 학년에 일곱 반이 있는 큰 학교라 2년 연속으로 같은 반이 된 학생은 세 명뿐이었지만, 그래도 복도에서 오고 가며 마주친 익숙한 얼굴들이 많아 올해는 3월의 첫날이 한결 편안하게 느껴졌다.
　아이들이 성장해 가는 과정을 조금 더 긴 호흡으로 지켜볼 수 있다는 점은 연임의 가장 큰 장점이다. 작년에는 마냥 어리게만 보이던 아이들이 어느 순간 몸도 마음도 훌쩍 자라 있는 모습을 볼 때면 교사로서, 어른으로서 깊은 뿌듯함이 밀려온다.
　4학년과 5학년은, 여러모로 다르다. 어른들과 달리 해마다 몰라보게 자라는 아이들은 그 짧은 시간 동안에도 눈에 띄게 달라진다. 내 농담을 조금 더 잘 이해하고 받아치는 일이 많아졌고, 소위 말하는 '티키타카'가 되는 순간이 부쩍 많아졌다. 활동지에 적힌 문장을 들여다보면 나름의 깊은 고민과 생각이 담겨 있어 놀랄 때도 있다. 쉬는 시간 아이들끼리 어울리는 모습을 보면 단순한 놀이를 넘어, 공감과 이해, 때로는 견제와 눈치가 얽힌 복잡한 관계가 엿보인다. 아이들 사이의 대화를 우연히 듣다 보면 이성과 관련된 이야기가 절반은 되는 듯해, 하루하루 방심할 수 없는 고학년 담임의 일상을 살고 있다.

 이렇게 한 해가 다르게 쑥쑥 자라나는 아이들의 속도에 발맞춰 나 역시 담임으로서의 성장, '레벨 업'이 필요했다. 그래서 올해는 작년에는 하지 않았던 새로운 학급 프로그램을 야심 차게 준비했다. 이름하여 '선생님과의 아이스티 데이트'. 이름은 거창하지만, 그저 학생들과의 일대일 상담이다.

 내가 초등학교 6학년이었을 때 담임 선생님께서 반 아이들을 한 명씩 방과후에 남겨 개인 상담을 하셨던 기억이 있다. 무슨 이야기를 나눴는지는 기억나지 않지만, 그 시간은 오랫동안 마음속에 따뜻한 추억으로 남아있다. 당시 '상담'은 부모님과 선생님끼리 나누는 어른들의 일이라고 생각했기에, 선생님께서 우리를 동등한 존재로 바라봐 주셨던 그 경험은 더욱 특별하게 남아있다.

 내 예상보다 아이들의 반응은 훨씬 뜨거웠다. 학원 등으로 시간이 어려운 아이들을 제외하고, 23명 중에서 무려 20명이 상담을 신청했다. 선생님과 단둘이 시간을 보내는 것에 기대감을 보이는 아이도 있었고, 단지 아이스티 한 잔에 혹한 아이도 있었다. 어떤 이유든 상관없었다. 나에게는 아이들과 한 명, 한 명 진심 어린 대화를 나눌 시간이 필요했기 때문이다.

 하지만 20명의 아이와 방과후 상담을 진행하는 일은 절대 만만치 않았다. 아이들이 하교한 후, 혼자 남은 조용한 교실을 너무나도 사랑하던 나였기에, 수업이 끝나고도 에너지를 내어 아이들과 마주 앉는 것이 때로는 부담으로 다가왔다. 게다가 학기 말이라 업무량도 많아 몸이 열 개라도 부족할 듯한 날도 있었다.

그런데도, 나는 이 '선생님과의 아이스티 데이트'를 이번 학기 가장 잘한 일로 꼽는다. 우리 반 아이들 한 명, 한 명과의 관계가 열 발짝 거리에서 한 뼘으로 가까워진 기분이다.

친구들 앞에서는 장난기 가득한 아이가 선생님 앞에서는 어색함에 몸을 배배 꼬기도 했고, 이야기를 나누다 보니 오후 4시를 훌쩍 넘겨서야 교실을 나서는 아이도 있었다. 우리 반 친구를 좋아하지만 어떻게 해야 할지 모르겠다며 연애 상담을 청한 아이도 있었고 진솔한 마음속 이야기를 꺼내다 눈물을 보인 아이도 있었다. 알게 모르게 쌓였던 아이들 간의 갈등의 실타래를 풀 실마리를 발견하기도 했고, 몰랐던 아이들 간의 일화를 들으며 함께 웃기도 했다.

이 시간이 나에게, 그리고 아이들에게 어떤 의미로 남았을지는 각자 다르겠지만, 분명한 건 서로를 이해하고 신뢰하는 데 있어 중요한 시작점이 되었다는 것이다. 지금도 우리 반 아이들은 한 번만 더 '아이스티 데이트'를 해달라고 졸라댄다. 그래서 겨울이 되면 이 아이들과 '선생님과의 코코아 데이트' 시간을 가질 생각이다. 계절이 바뀌고, 아이들도 나도 또 한 뼘 자라 있을 그때가 벌써 기대된다.

앞으로도 고학년 담임을 맡게 된다면, 나는 이 진솔한 일대일 상담 시간만큼은 꼭 이어가고 싶다. 아이들과의 일상은 북적이고 분주하지만, 진짜 중요한 이야기는 조용한 대화 속에서 피어난다. 아이들은 그런 대화를 통해 자신을 더 잘 알게 되고, 나는 아이들의 세계를 한층 더 깊이 이해할 수 있게 된다.

아이스티 한 잔을 사이에 두고 마주 앉았던 그 순간들이, 언젠가 아이들의 기억 속에 따뜻한 온기로 남아 있기를 바라며, 나는 이렇게 또 한 번 교사로서의 '레벨 업'을 했다.

NOTE

고학년 학생과 개인 상담을 잘 이끄는 네 가지 방법

- **대화 주제와 질문을 미리 준비하기**

스몰 토크를 어려워하는 저는 학생과 상담 중에 생기는 정적이 가장 두렵습니다. 그래서 아이들과 이야기 나눌 만한 주제와 질문을 미리 떠올려 놓고 상담의 흐름에 맞게 적절히 활용했습니다. 주제는 교우관계, 가족, 학업, 진로 네 가지로 나누고, 각 영역에 맞는 질문 리스트를 만들어두면 상담이 훨씬 자연스럽고 매끄럽게 진행됩니다.

• 상담 카드로 말문 트기

아이와 단둘이 마주 앉았을 때, 대화의 첫 시작이 어색하게 느껴질 수 있습니다. 이럴 때 '상담 카드'가 좋은 도구가 됩니다. '내 성격을 한 줄로 표현한다면?', '요즘 가장 큰 관심사', '요즘 가장 큰 고민', '선생님에게 궁금한 점 한 가지' 등의 간단한 질문을 담은 카드를 아이에게 먼저 작성하게 한 후, 이를 바탕으로 대화를 이어가면 자연스럽게 분위기가 풀립니다.

• 간단한 다과 활용하기

마치 카페에서 대화를 나누는 것처럼 부드럽고 편안한 상담 분위기를 조성하기 위해 간단한 다과를 준비하시면 좋습니다. 학급운영비를 활용해 아이스티, 코코아 같은 음료나 아이들이 좋아할 만한 간식을 준비해 두면 아이들도 상담 시간을 기대하게 됩니다.

• 비밀 보장은 기본 중의 기본

고학년 아이들은 점차 부모님과도 공유하지 않는 고민이 생기는 시기입니다. 아이들은 때때로 이런 고민을 선생님에게 털어놓고 싶어 하면서도, 혹시 부모님께 전달될까? 걱정하곤 합니다. 상담 전 "여기서 나눈 이야기는 너와 나만 아는 비밀이야"라고 분명히 말하는 것만으로도 아이는 훨씬 더 편안하게 마음을 열게 됩니다.

02

이가현

나는 옆 반에 삽니다

누군가 내 교실 문을 '똑똑' 두드려줄 때,
그 순간이 얼마나 반가운지를 나는 안다.
그때 받은 따뜻함을 나도 누군가에게 건네고 싶다.
그래서 나는 여전히 사람을 사랑하고, 사람을 믿는다.

◆

"똑똑, 선생님 시간 괜찮으세요?"

학교에서 퇴근이 6시, 7시인 건 내게 기본이었다. 누군가 왜 그렇게 늦게까지 남아 있냐고 물으면 늘 대답을 망설였다. 사실 나도 잘 모르겠다. 수다를 떨다 보면, 방과 후에 아이들과 웃고 떠들다 보면, 또 옆 반 선생님과 이런저런 얘기를 나누다 보면 어느새 어둑해진 교실에 앉아 있게 된다.

교실 밖을 나서는 일은 생각보다 쉽지 않다. 학기 초엔 뭐든 낯설어 선생님들 반 문을 자주 두드렸지만, 시간이 지나면서 '이제는 내가 알아서 해야 하는 거 아닐까?' 하는 생각이 들었다. 그래서 망설였다.

하지만 여전히 나는 모르는 게 많았고, 그럴 때면 결국 내가 할 수 있는 건 재미난 이야기를 하나 들고 다시 옆 반을 찾는 일이었다.

운 좋게도 내 양옆 반 선생님은 또래였다. 한 분은 나보다 어린데도 늘 완벽하게 반을 운영했고, 다른 한 분은 나와 같은 해에 발령을 받은 동기지만 교장 선생님의 칭찬을 받을 정도로 믿음직했다. 나는… 그냥 사람 좋아하고 말을 잘 붙이는 외향적인 'E'였다.

"선생님, 반 구경 좀 해도 돼요?"

그렇게 교실에 들어가면, 눈에 꼭 들어오는 것들이 생겼다. 처음 담임을 맡은 나는 남의 교실에서 발견한 사소한 운영 방식들에 감탄이 나왔다.

분실물함, 이면지함 같은 것들 말이다. 덕분에 나도 학급운영비로 바구니를 사고, 분실물함 안내 종이를 붙였다. 이면지함은 아이들이 그림 그릴 때 종이를 달라며 묻지 않게 했고, 분실물함은 물건을 잃어버렸다며 우르르 내게 몰려오는 일을 줄여주었다. 작지만 의미 있는 변화였다.

그렇게 깨달았다. 교사 경력과 상관없이, 어떤 교실에든 배울 게 있다는 걸. 물론 인디스쿨에서 자료를 찾는 것도 좋은 방법이지만, 진짜 스승은 내 옆 교실에 있었다. 선생님들에게 반짝이는 눈빛으로 자료를 탐내는 눈빛을 보내면, 백이면 백 "보내드릴까요?", "도와드릴까요?"라는 말이 돌아왔다. 점심시간에 우연히 함께 밥을 먹게 되면, 내 반 아이들의 전년도 담임이었던 선생님에게 자연스럽게 아이에 관한 이야기를 들을 수 있다. 그런 순간이 얼마나 고마운지 모른다.

올해 우리 학교에는 신규 교사가 무려 여덟 명이나 있었다. 나도 그중 하나였다. 아침 버스를 타면 북적이는 풍경이 익숙해졌고, 처음엔 이어폰도 못 꽂고 조용한 시간을 가지지 못해 불편했던 그 순간들이 이제는 오히려 소중해졌다.

함께 등교하던 한 선생님은 아이들을 보며 언제나 사랑스러운 눈빛으로 이름을 불렀다. 화가 났던 이야기를 하다가도 금세 눈이 풀어지듯 웃는 모습은 늘 따뜻했다. 서로 미술 자료를 추천해 바꿔 쓰기도 했는데, 같은 자료로 다른 수업을 상상하는 즐거움이 있었다.

창문 가득 미술작품을 붙여둔 반도 인상 깊었다. '이렇게 외부 자극을 차단하면서 집중력을 높일 수도 있구나'하고 배우게 됐다. 누군가는 컴퓨터 화면에 달력 위젯을 띄워 일정을 관리하고, 청소 시간에 의자를 책상 위에 올려두면 더 깨끗하게 청소된다는 팁도 알려줬다. 복도에서 아이를 한 명씩 조용히 불러 대화하는 모습도 따라 해보았고, 그게 아이들과의 관계를 바꾸기도 했다. 모두가 나에겐 작은 수업이었다.

어느 선생님은 "저는 수업 대충 해요"라고 웃으며 말했지만, 그 반의 학급 온도계에는 사랑이 가득했다. 또 다른 날엔, 내가 교실에서 엉엉 울고 있던 걸 본 선생님이 조용히 다가와, 내가 괜찮아질 때까지 말없이 옆에 있어 주기도 했다.

신규 교사뿐 아니라 선배 교사들에게서도 배운 게 많았다. 과학을 전공한 선배 교사는 우리 반에 들러 손 소독제를 서랍 아래로 옮겨주며 말했다.

"아이들 눈높이에 있으면 위험할 수 있어요."

그 짧은 말 한마디로, 내 교실은 조금 더 안전해졌다.

오른쪽 옆 반의 선생님은 'I(내향형)' 기질이 강해서 처음엔 말 걸기 어려웠다. 그런데 어느 날, 바쁜 부장님 대신 물어볼 데 없어 망설이던 나에게 말했다.

"저한테 물어보셔도 돼요. 정말 괜찮아요."

정말 괜찮았을까? 잘 모르겠지만, 그렇게 말해줘서 큰 위로가 됐다. 그 선생님은 신규 교사 환영회에서 손편지를 써주었는데, 그냥 의례적인 인사가 아니라, 나를 진심으로 지켜본 듯한 문장을 써주었다. 그 편지를 읽다 혼자 눈물이 핑 돌았다. 그 선생님은 우리 층에는 '3대 천왕'이라 불리는 분 중 한 분이었다. 평소엔 다람쥐처럼 조잘조잘 말하지만, 아이들을 혼낼 땐 정말 단호했다. 그래서 내가 아이들에게 "얘들아, 복도에서 뛰면 안 돼. 봤지?"하고 말하게 된다. 그 교실은 늘 깨끗하게 정돈되어 있다. 들어가면 나까지 기분이 좋아진다.

왼쪽 반의 선생님은 매일 걸레를 손수 빨아가며 교실을 관리한다. 그사이에 낀 내 교실은 상대적으로 더러워 보일까 봐 괜히 마음이 쓰인다. 나도 열심히 청소하지만, "여기 좀 지저분하네?"라며 농담하는 선생님이 있으면 슬며시 삐지기도 한다.

나는 오늘도 옆 반을 찾지만, 예전보다는 조금 덜 간다. 업무도 많고, 학교도 익숙해졌으니까. 선생님들은 순회공연 다니냐며 웃곤 했는데 요즘은 퇴근을 빨리하는 게 목표라 얼굴 보기가 점점 어렵다.

그런데도 나는 안다. 누군가 내 교실 문을 '똑똑' 두드려줄 때, 그 순간이 얼마나 반가운지를. 내가 받은 따뜻함을 나도 누군가에게 건넬 수 있기를. 그래서 나는 여전히 사람을 사랑하고, 사람을 믿는다.

NOTE

물어보고, 따라하고, 조금 내려놓으면서

- **모를 땐, 선생님에게 물어보세요**

나이가 많아도, 경력이 짧아도 괜찮아요. 선배 교사는 생각보다 따뜻하게, 웃으며 답해줍니다. 부장 선생님보다 바로 옆 반 선생님이 더 든든하게 느껴질 때도 많아요. 질문은 용기가 아니라, 관계의 시작일지도 몰라요.

- **괜찮아 보이면, 일단 따라 해보세요.**

저는 김진수 선생님의 '아침 세 줄 일기'와, 아이들이 직접 국어·사회·수학 같은 과목마다 하나하나 만든 자석 시간표, 사물함에 붙인 이름표를 보고 허락을 구한 뒤 바로 따라 했습니다. 처음엔 어설펐지만, 지금은 그게 아이들의 루틴이 되었고 우리 반 분위기를 만들어 가는 핵심 도구가 되었어요. 루틴은 따라 하며 만들어지는 것 같아요.

- **욕심을 내려놓아야 내가 보입니다.**

다른 교실을 구경하다 보면 나만 부족해 보이고, 뭐든 다 해보고 싶은 마음이 생겨요. 그럴 땐 "내가 가장 하고 싶은 것" 단 하나만 남겨보세요. 저는 놀이 수업을 좋아해서 청소는 조금 내려놓았고, 그 대신 매일 웃으며 수업에 집중하는 아이들을 얻었습니다.

03

배주미

완벽한 교사

완벽한 교사로 태어난 사람은 없다.
대신 하루하루 발전해가며 최선을 다하는 교사가 되려한다.

◆

내 직업을 소개해야 하는 자리에서 자주 듣는 말이 있다.
"아~ 뭔가 선생님일 것 같았어요."

그 말을 들으면 잠시 생각에 잠긴다. 과연 그게 칭찬일까? 상대가 내 겉모습이나 말투를 보고 교사 같다고 느꼈을까? 혹시 내가 틀린 걸 지적하려 들거나, 말을 또박또박 가르치듯이 했던 건 아닐까? 아니면 말 잘 듣고 착한 모범생 같은 느낌을 줬던 걸까? 순간 머릿속에 여러 생각이 스친다.

교사가 되기 전, 내가 생각하는 초등교사의 이미지는 이랬다. 공부면 공부, 사회성이면 사회성, 음악, 미술, 체육까지 다 잘 해내는 다재다능하고 성실한 사람. 마치 영화 속 헤르미온느 같은 존재 말이다. 실수하지 않고 뭐든 잘 해내는 그런 사람이 내가 생각하는 이상적인 초등교사의 모습이었다. 교사의 삶은 언제나 아이들에게 사랑받고 아이들과 행복한 시간을 보내는, 그런 이상적인 삶을 생각했다.

그리고 지금, 나는 초등교사로 살고 있다. 하지만 현실은 조금 다르다. 아니, 매우 다르다.

교사인 나는 종종 '완벽한 교사'라는 이미지와 실제 나 사이에서

괴리감을 느낀다. 어떤 날은 몸이 두세 개라도 모자랄 만큼 바쁘다. 아침부터 교실 문을 열면 쉴 틈 없이 하루가 휩쓸려 지나간다. 수업 준비, 학급 행사, 생활 지도, 각종 공문, 민원 응대, 그리고 사소하지만 무수한 크고 작은 갈등 해결까지. 여기에 개인적인 일까지 겹치면 숨이 턱턱 막힌다.

가끔 '이 일을 내가 감당할 수 있을까?'라는 생각이 든다. 주위를 둘러보면 일 처리를 똑 부러지게 잘하고, 학급 운영도 매끄럽게 해내는 선생님이 참 많다. 그분들을 볼 때마다 내 역량이 부족한 것 같고, 나만 뒤처지는 건 아닐까 하는 자괴감이 밀려올 때도 있다.

그러다 문득 이런 생각이 들기도 한다. 그 선생님도 분명 나처럼 좌충우돌하는 시절을 겪었겠지. 누구나 처음은 있고, 완벽하게 태어난 교사는 없다는 걸. 그렇지만, 나도 모르게 자신을 의심할 때가 많았다.

'나는 교사라는 일을 감당할 역량이 부족한 건 아닐까?'

주위의 멋진 선생님을 보며 그런 생각에 빠지곤 했다. 학급을 안정적으로 이끌고, 아이들과 깊은 유대감을 쌓고, 학부모와도 매끄럽게 소통하는 모습을 볼 때마다 나도 모르게 다른 학급과 우리 반을 비교하며 속상해지기도 했다.

'왜 우리 반은 늘 문제가 생길까?'

'내가 뭔가 놓치고 있는 걸까?'

작은 갈등에도 괜히 내가 잘못한 것 같고, 사소한 민원에도 마음이 크게 흔들렸다. 다른 반은 평화로워 보이는데, 우리 반만 유독 시끄럽고, 산만해 보일 때면 나만 뒤처진다는 생각에 스트레스도 받곤 했다.

 그럴 때마다 나는 교사로서의 나를 자꾸 깎아내리게 되었다. 하지만 시간이 지나고 보니, 학교 일과 나 자신을 분리해서 생각하는 게 필요하다는 걸 깨달았다. 아침에 눈 뜨자마자, 학교에서 내내, 퇴근 후 심지어 꿈속에서도 학급 일을 생각하고, 걱정하는 나를 보며 일과 삶의 분리가 꼭 필요하다는 것을 절실히 느낀다.

 교사로서의 삶을 살다 보면 미성숙한 존재들을 많이 만난다. 아이든 어른이든 그런 사람을 만날 때면 내가 감정이 없는 NPC(Non-Player character, 게임에서 플레이어가 직접 조작하지 않는 캐릭터)가 된 것 같은 기분이 들기도 한다. 자신의 감정에 휘둘린 채, 때로는 나를 향해 공격적인 말을 내뱉는 사람도 있다.

 '선생님은 그때 대체 왜 그렇게 하셨나요? 이게 다 선생님 때문이에요.'

 속상하고 위로받고 싶은 마음은 이해하지만, 교사도 사람인데 학생이라는 이유로, 학부모라는 이유로 선생님에게 함부로 할 수는 없지 않은가. 더 속상했던 건, 그런 말을 들어도 나는 '교사니까 성숙하고 침착하게 대응해야 한다'라는 것이었다. 나도 속상하고, 상처받았는데도 표현할 방법이 없다는 사실이 나를 더욱 무기력하게 만들었다.

이렇게 불평등한 관계가 또 있을까 싶은 생각이 들었다. 문제가 한 번 생기면, '오늘은 또 무슨 일이 생길까'라는 불안감에 아이에게서 눈을 뗄 수 없다. 학부모에게 전화라도 오면 심장이 덜컥 내려앉고, 걱정이 앞선다.

이에 대한 완벽한 해결책은 아직 나도 모르겠다. 하지만 이런 경험을 통해 배운 것도 있다. 아무렇게나 던진 책임 없는 말에 일일이 상처받기보다는, 그런 말을 곧이곧대로 받아들이지 않고 적당히 걸러내는 것이 내 마음을 지키는데 더 현명하다는 것.

이런 과정을 거치며 나는 조금씩, 천천히 나만의 교사상을 찾아가고 있다. 교대생 시절, 교수님께서 교사상에 대한 과제를 많이 내주셨는데, 이제야 진짜로 내 안에서 그 답을 찾아가는 중이다. 교사도 사람이다. 실수할 수 있고, 지칠 수 있으며, 위로가 필요한 존재다.

그래서 요즘은 스스로에게 이렇게 말한다. 완벽하지 않아도 괜찮다고. 나는 내 방식대로 아이들을 사랑하고, 사랑받는 교사가 되고 싶다고. 어제보다 조금 더 여유 있는 마음으로, 어제보다 조금 더 너그러운 시선으로. 완벽하지 않은 순간이 있더라도, 내가 할 수 있는 최선을 다해, 나만의 방식으로 아이들과 하루하루를 함께 살아가겠다.

어딘가에서 나와 비슷한 고민을 안고 하루를 보내고 있을 또 다른 선생님. 우리 같이 힘내요.

NOTE

학급 루틴 만들기

선생님은 몸이 하나뿐이기에 학급의 수많은 아이를 일일이 지도하는 것은 현실적으로 어려운 일입니다. 그러나 학기 초부터 루틴을 잘 정해두고 아이들이 익숙해지도록 돕는다면, 교실은 훨씬 더 안정되고 질서 있는 공간이 될 수 있습니다. 루틴은 교사와 학생 모두에게 예측 가능성과 안정감을 제공합니다.

• 아침 활동 시간

요일별 아침 활동을 미리 정해두세요. 예를 들어 월요일은 받아쓰기 연습, 화요일은 독서, 수요일은 맞춤법 공부 같이요. 학생은 등교 후 '선생님, 오늘은 뭐 해요?'라고 묻지 않고도, 칠판에 적힌 활동을 보고 스스로 시작할 수 있게 됩니다. 이 과정은 자연스럽게 학생의 자기 주도성을 길러 줍니다.

- **매 교시 수업 시작 전**

저희 반은 쉬는 시간마다 타이머를 설정해 둡니다. 특히 저학년의 경우 시계를 잘 볼 줄 모르는 경우가 많아서, 타이머가 2분 남았을 때 '수업 지킴이' 역할을 맡은 학생이 친구들에게 수업 준비를 안내합니다. 타이머가 종료되었을 때, 모둠원 모두가 자리에 앉아 있고 다음 교시의 교과서 페이지를 펼친 상태라면, 그 모둠에 자석을 하나씩 줍니다. 가장 많은 자석을 모은 모둠은 가장 먼저 하교할 수 있습니다. 작지만 확실한 보상이 학생들에게 시간을 지키는 습관을 만드는 데 큰 도움이 됩니다.

이 외에도 1인 1역 등 학급에 맞는 다양한 루틴을 만들어 보세요.

어느 순간, 선생님이 따로 말하지 않아도 정해진 시간에 스스로 행동하는 아이의 모습을 보게 될 것입니다. 교사의 직접적인 개입이 없어도 자연스럽게 흘러가는 학급의 시작은 바로 '루틴'에서 비롯됩니다.

04

신수민

선을 넘은 선생님

여러 교육 문화에 관심을 가지고 이를 살펴보는 것만으로도
교육에 대한 시야가 확장된다. 이렇게 얻은 다양한 아이디어를 기반으로
지금 자리하고 있는 교실에서부터 새로운 것을 시도하며
자연스레 나도, 우리 반도, 우리 교육도 성장해 나갈 수 있다.

◆

　선을 넘었다.

　살아오며 수많은 선을 넘었다.

　이 이야기는, 그중에서도 국경선을 넘은 것에 관한 이야기다.

　전 세계가 전염병으로 인해 고통받고 있던 때, 교환학생으로 선발되어 스위스행 비행기에 몸을 실었다. 스위스에 도착한 첫 주에 한 일은 실습 초등학교 방문이었다. 대학에서는 교환학생에게도 실습 기회를 제공했고, 그 덕분에 한 학기 동안 스위스의 공립 초등학교 현장을 경험할 수 있었다.

　매주 화요일 오전 7시, 기숙사에서 버스를 타고 30분을 이동해 자그마한 초등학교 앞 정류장에 내렸다. 알록달록한 창문이 돋보이는 작은 학교에서 5학년 16명의 학생과 한 학기를 보냈다. 실습 첫날, 교실에 들어가자, 담임 선생님 다미안은 나를 보조 교실로 안내했다. 교실 옆에 있는 문을 열면 교실의 3분의 1 크기쯤 되는 보조 교실이 나

타난다. 이 교실에서 부담임 선생님과 수업을 진행했다.

학급에는 주 6시간가량 담임, 부담임 교사가 함께 수업하는 시간이 있어, 이 시간에 부담임 선생님은 보조 교실에서 학급의 일부 아이들을 데리고 수업을 진행한다. 두 선생님께서는 같은 교과, 같은 단원을 수업하지만, 아이들을 두 그룹으로 나누어 수업을 진행함으로써 비교적 효과적으로 맞춤형 학습을 실현할 수 있었다.

이 작은 교실은 독일어로 책 읽는 구석이라는 뜻도 가지고 있는데, 이름에 걸맞게 한 쪽 구석에는 책과 보드게임이 비치되어 있어 독서와 놀이 시간에도 이 공간을 활용한다.

오전 8시 15분부터 9시 45분까지 두 교시의 수업이 끝나면, 30분의 쉬는 시간이 주어졌다. 아이들은 그 어느 때보다 밝은 얼굴로 간식을 챙겨 운동장으로 뛰어나갔다. 쉬는 시간에는 교실 문을 잠그기에 모두가 밖으로 나간다.

아이들은 바깥에서 챙겨온 간식을 먹고, 나무 그늘에 앉아 도란도란 이야기 나누거나 운동장에서 뛰어놀며 저마다 행복한 시간을 보냈다. 이때 선생님들은 학교에 하나 있는 연구실에서 차를 마시곤 한다. 담임 선생님뿐만 아니라 교장선생님, 보조 선생님 등 모든 선생님이 함께 모여 일상 이야기를 나누거나, 학생, 학교 행사와 관련된 회의를 하기도 했다.

아이들끼리 30분의 쉬는 시간을 보내는 것이 놀라워 여쭤보니, 교사들이 순번을 정해 한 명씩 운동장을 감독한다고 한다. 다만 학생의 안전을 위협할 정도의 일이 아니라면 개입하지 않는다고도 덧붙였다.

어느 비 오는 날, 1교시 수업을 마치고 아이들은 주섬주섬 옷을 챙겨 입었다. 옆 학교 학생들과 함께 플래시몹을 하는, 특별한 날이었다. 그렇게 우리는 비를 뚫고 인근 학교로 걸어갔다.

빗속에서 두 학교의 선생님과 학생들은 노래에 맞추어 플래시몹을 했다. 모두 함께, 우산 하나 없이. 우천 시 취소라는 전제는 없었다. 비가 끊임없이 내리고 있었지만, 플래시몹을 함께하는 그 순간만큼은 후드득 떨어지는 빗방울과 습한 공기마저 상쾌하게 느껴졌다. 15분간 플래시몹을 하고, 같은 시간만큼 걸려 학교로 돌아와서 머리카락과 옷을 털고, 우리는 아무렇지 않게 다음 수업을 시작했다.

한 학기 동안 실습을 다니며 스위스의 초등학교 속에 온전히 녹아들 수 있었다. 소중한 기회를 얻어 학교 현장을 직접 살펴보고,

여러 선생님, 아이들과도 마음을 나누었다.

  스위스 학교의 모습은 한국과 비슷한 점도, 다른 점도 있었다. 근래 우리나라 교육의 어두운 면이 하나둘씩 드러나며, 세계의 흐름에 발맞추어 교육을 변화해야 한다는 의견이 대두되고 있다. 세계의 흐름을 이해하고 변화하는 것은 너무나도 중요하지만, 그대로 답습했다가는 또 다른 부작용이 생긴다. 스위스 교육에도 고질적인 문제가 존재하고, 여러 교육자가 의견을 나누며 문제를 해결할 방법을 모색하고 있다. 두 교육의 우열을 가리고자 하는 것이 아니며, 어느 한쪽을 그대로 표방하고자 하는 것도 아니다. 여러 교육 문화에 관심을 가지고 이를 살펴보는 것만으로도 교육에 관한 시야가 확장된다. 이렇게 얻은 다양한 아이디어를 기반으로 지금 자리하고 있는 교실에서부터 새로운 것을 시도하며 자연스레 나도, 우리 반도, 우리 교육도 성장해 나갈 수 있다.

무엇보다도, 아이들이 나눠주는 사랑은 무한함을 느꼈던 한 학기였다. 언어적 장벽으로 가까워지기 어려울까 걱정했지만, 실습을 시작한 지 한 달도 되지 않아 걱정할 필요가 전혀 없었음을 깨달았다. 미술 시간에 만든 작품을 자랑하고 싶어 팔짝팔짝 뛰며 달려오던 아이들의 모습, 옹기종기 둘러앉아 보드게임을 했던 시간, 문화 수업을 할 때 나를 바라보던 초롱초롱한 눈망울들, 쩔쩔매면서도 열심히 한국어로 이름을 쓰던 아이들의 모습은 여전히 행복했던 추억으로 가슴 한쪽에 자리해 있다.

국경선을 넘은 선생님은, 아이들과 함께하며 마음의 선도 넘을 수 있었다.

NOTE

세계 곳곳에서 아이디어를 얻어 보아요

 내 한 몸 건사하기도 힘든데 어떻게 전 세계에서 아이디어를 얻는지, 나와는 거리가 멀다고 생각하실 수도 있습니다. 직접 현장에 가는 것은 어려울지라도, 간접적으로 아이디어를 얻을 수단은 다양합니다. 그중에서도 책과 SNS를 살펴보시는 것을 추천해 드립니다.

 먼저 제가 읽었던 책 중 쉽고 즐겁게 읽을 수 있는 도서 세 권을 소개해 드립니다.

① 『북유럽에서 날아온 행복한 교육 이야기』 첸즈화, 다산에듀

 대만 출신 저자가 핀란드에서 아이를 키우며 느낀 북유럽 교육의 특징을 소개한 도서입니다.

② 『가장 낮은 데서 피는 꽃』 이지성, 김종원, 문학동네

 필리핀의 쓰레기 마을 톤도에 톤도 교육센터를 설립하여 교육으로 아이들의 성장을 이끄는 이야기입니다.

③ 『꼴찌도 행복한 교실』 박성숙, 21세기북스

 한국 출신 저자가 독일 교육 현장을 우리나라와 비교하여 소개한 도서입니다.

SNS를 통해서는 최신 소식을 접하고 현장에 바로 활용할 만한 아이디어를 얻을 수 있습니다. 가령 저는 스위스 제네바 미술 선생님의 SNS에서 영감을 얻어 통합 교과 수업을 구성하곤 합니다. SNS에서 해외 선생님들의 생생한 교육 이야기를 접하고 수업 아이디어를 얻을 수 있습니다.

마지막으로, 기회가 되신다면 무엇이든 도전하고 경험해 보시길 권해 드립니다. 저는 어릴 적엔 타국살이에 뜻이 없었지만 우연한 계기로 교환학생이 되었고, 제 삶의 전환점을 맞이했습니다. 초등교사는 아이들에게 삶의 멘토 같은 존재이고, 선생님께서 경험하신 것은 어떤 방식으로든 아이들에게도 도움이 됩니다. 선생님의 도전을 응원합니다!

05

오다빈

아이들에게 배우는 마음

넘어진 아이에게 먼저 괜찮냐는 말을 건넨 건,
내가 아닌 또 다른 아이였다.
따뜻한 교실은 그렇게 아이들로부터
먼저 시작되고 있었다.

◆

　수업 시간에 저학년 아이들을 바라보고 있으면 온갖 특이한 방법으로 의자에 앉아 있는 아이가 많다. 의자에 발을 반쯤 걸쳐서 앉은 것도 서 있는 것도 아닌 어정쩡한 자세로 있는 아이들, 의자를 기울인 채 곧 넘어져도 이상하지 않을 것처럼 앉아 있는 아이들, 아예 의자를 거꾸로 해서 허리 두는 곳에 다리를 넣는 아이들 등. 이렇게 보면서도 믿기지 않는 다양한 자세를 하는 아이들이 있다.

　그중 내가 가장 크게 지적하는 자세는 의자를 기울인 채 곧 넘어져도 이상하지 않을 것처럼 앉아 있는 아이들이다. 워낙 다치지 않고 크는 것에 민감한 시대이다 보니 수업 시간에 위험하게 앉아 있는 아이들을 보면 덜컥 겁부터 난다. 의자를 한쪽으로 기울이다가 그대로 넘어져서 다치는 아이들의 모습은 상상만 해도 아찔하다. 수업 중에 한두 번 그런 자세를 보이면 우선은 누구보다 상냥하게 말한다.

　"○○아~ 바르게 앉자."

　그러면 그 아이들도 즉시 자세를 바르게 교정한다. 하지만 그때뿐이다. 한 10분이 지나면 언제 본인 이름이 불렸냐는 듯이 다시 그 자세 그대로 돌아온다.

그렇게 한두 번 지적해도 나아지지 않으면 모든 아이 앞에서 그 자세가 얼마나 위험한지에 대해 이야기를 나눈다. 그렇게 앉음으로써 본인이, 혹은 내 주변 친구들까지도 얼마나 다칠 수 있는지를 차분히 설명한다. 내가 좋게 설명할 수 있는 최선은 여기까지이다.

하지만 이렇게 말해도 고쳐지지 않는 아이들이 대부분이다. 이때부터는 좋은 말이 나오지 않는다. 표정도 마찬가지이다. 발견 즉시 표정이 싹 굳는다. 굳은 표정으로 그 아이 이름을 딱 한 번 부른다. 아이도 머쓱한 표정으로 자세를 고쳐 앉는다. 이걸 반복하기를 몇 십 번째. 교실에서 커다란 소리가 울린다.

"쿠광쾅쾅"

소리가 나는 쪽을 돌아본다. 역시나. 이번 주 내내 자세를 지적받았던 그 아이다. 그 아이도 놀라서 토끼 눈이 되어서 되려 선생님을 바라본다. 혼날까 봐 잔뜩 겁먹은 눈치이다. 다행히 아이를 바라보니 크게 다친 것 같지는 않다. 쭈뼛쭈뼛 눈치를 보는 모습을 보니 화가 난다. 나는 눈빛으로 그 아이를 꾸짖는다.

"봐봐 선생님이 그러니까 몇 번이나 바르게 앉으라고 이야기하지 않았니? 계속 네 맘대로 앉으니 그렇게 되잖아."

교실에서는 잠시 침묵이 이어진다. 그 정적을 깨고 우리 반에 바르게 앉아 있던 아이가 한마디 한다.

"○○아 괜찮아? 다친 데는 없어?"

나는 그 순간 깨닫는다.

내가 눈빛으로 이야기할 게 아니라 입 밖으로 꺼내야 했을 말이 넘어진 아이가 괜찮은지 물어보는 거였다는 걸. 내가 하고자 했던 말은 먼저 괜찮은지 물어보고 해도 늦지 않다는걸. 누구보다 따뜻한 마음을 가진 아이로 성장시키고 싶어 했던 내가 정작 먼저 따뜻한 사람이 되지 못했다는 사실이 그날 내내 부끄러웠다.

그날 이후, 나는 스스로에게 물었다. '나는 아이들에게 어떤 어른으로 기억되고 싶을까?' 훈육보다 먼저 건네야 할 말이 있다는 걸, 나는 그제야 배웠다.

며칠 뒤, 교실엔 '드래곤 발톱'이 유행처럼 번졌다. 색종이를 접어 손가락에 끼우고 드래곤 흉내를 내며 노는 것이었다. 아이들은 쉬는 시간은 물론 수업 시간에도 책상 아래에서 몰래 손을 움직이며 사부작거렸다. 처음엔 흐린 눈으로 모른 척했다.

하지만 책상 위엔 드래곤 발톱이 쌓여가고, 교과서를 펼 자리조차 없어지자 나도 모르게 인상을 찌푸렸다. 그중 드래곤 발톱을 유난히 많이 만드는 한 아이가 있었다. 정리를 어려워하고 감정을 표현하는 데 서툰 아이였다.

그 아이의 책상엔 드래곤 발톱이 40~50개쯤 놓여 있었고, 가방도 이미 가득 차 있었다. 나는 '이제는 제지해야겠다'라고 생각했다. 아이들이 모두 하교한 뒤, 교실에 남아 그 아이의 일기장을 살펴보

왔다. 그날 일기엔 이런 문장이 적혀 있었다.

"오늘 디멜이가 나에게 드래곤 발톱 접는 법을 알려줬다. 엄청 쉬웠다. 대신 재미있었다. 10개를 접으면 표창이 되고, 합체도 가능하다. 많이 접을수록 좋다. 접으려면 한 장이 필요하다. 선생님 선물이에요."

일기장 맨 아래 조심스레 붙여진 드래곤 발톱 하나. 그 순간, 나는 또다시 멈춰 섰다. 아이의 눈에는 그저 혼나야 할 '장난감'이 아니라, 친구와 소통하고 나눌 수 있는 소중한 세계였던 것이다. 나는 그걸 '방해물'로만 보며 단정 지으려 했다.

그날, 나는 드래곤 발톱을 조심스럽게 떼어내 책상 서랍에 넣었다. 그리고 마음속으로 다짐했다. 아이들을 따뜻한 사람으로 키우고 싶다면, 내가 먼저 아이들의 세계를 따뜻하게 바라볼 수 있어야 한다는 걸.

NOTE

차분한 아침을 맞이하는 방법

아침 시간을 어떻게 보내는지에 따라 그날 아이들의 수업 태도가 달라진다고 생각합니다. 그래서 차분히 아침을 맞이하여 아이들이 오늘 수업에 참여할 준비를 스스로 하도록 하는 분위기를 조성합니다. 그 분위기를 만드는 데 중요하다고 생각하는 몇 가지를 말씀드릴게요.

• 차분한 음악을 활용해요

저는 아침에 출근하자마자 가사 없는 차분한 음악을 교실에 틀어둡니다. 그리고 이 음악 소리가 교실에 들릴 수 있도록 작은 목소리를 유지하자고 이야기해요. 음악 하나로 교실 분위기가 확연히 달라지는 것을 경험할 수 있습니다. 유튜브에 '잔잔한 음악', '차분한 가사 없는 음악' 등을 검색하시면 활용하기 좋은 음원들이 많습니다. 이때 오케스트라 음악 등은 지양하는 게 좋아요!

• 먼저 시범을 보여요.

저는 아이들 등교하기 전에 교실 앞 여분 책상에 앉아 먼저 독서하는 모습을 아이들에게 보여줍니다. 백문이 불여일견이란 말이 있듯, 독서하라고 백날 말하는 것보다 선생님이 직접 독서하는 모습을 보여주는 것이 아이들에게 더 와닿으리라 생각해요.

특히, 저학년 아이들에게 담임선생님은 롤모델과도 같아서 아이들이 선생님의 행동을 따라 하려고 합니다. 선생님이 먼저 시범을 보여주시면 아이들도 차분히 독서하는 모습을 따라 하며 차분한 아침 분위기를 형성할 수 있습니다.

김보현

조건 없는 사랑

교사는 사랑을 주는 직업이면서 동시에 끝없는 사랑을 받는 직업이었다.
나는 어떻게 사랑을 줄지만 고민했지,
그것을 어떻게 받을지는 잘 알지 못했다.
난 아이들에게 사랑을 배우는 교사인 것 같다.

◆

  나는 오늘도 약간 급하게 점심을 먹는다. 저기 멀리 급식실 입구에 내가 다 먹기를 기다리는 아이들 대여섯 명이 몽글몽글 모여있기 때문이다.
  허겁지겁 먹고 그쪽으로 가자 기둥 뒤에 숨어있던 아이들이 짠! 하고 나를 놀래킨다. 아이들이 거기에 있다는 것은 처음부터 알고 있었지만, 정말 몰랐다는 것처럼
  "허걱! 여기 있었어? 선생님은 몰랐네~"
  나는 천연스럽게 반응한다. 그렇게 나는 피리 부는 사나이처럼 아이들 대여섯 명을 달고 교실까지 같이 올라간다.
  "점심시간이 길지도 않은데, 선생님 기다리지 말고 먼저 올라가서 노는 게 좋지 않아?"
  "괜찮아요. 선생님 기다리는 게 더 좋아요!"
  "선생님이 좋아? 왜?"
  "음, 선생님은 예쁘고, 착하고, 친절하고, 재미있고…"
  아이들이 이때다 싶어 우르르 오만 이유를 다 이야기한다. 평생 들을 칭찬을 이때 다 듣는 것 같다. 그중에서도 들렸던 한 마디.
  "선생님은 우리 반 선생님이잖아요!"

우리가 살아가면서 조건 없는 사랑을 받을 기회가 얼마나 될까?

배우자를 고를 때에도 외모, 성격, 자산 등 현실적으로, 한편으로는 차갑게 조건을 따져가며 만나는 세상이다. 친구를 만날 때에도 가까우면 자주 만나지만 그렇지 않으면 자연스럽게 잘 안 만나게 되고 마음도 멀어진다. 그런데 이 자그마한 20명의 아이는 그저 나를 '우리 반 선생님'이라서 좋아한다고, 사랑한다고 외친다. 특별한 조건 없이 나라서 좋아한다.

나도 처음에는 아이들이 주는 사랑이 익숙하지 않았다.

내가 아직 아이들에 대해 잘 모르는 것처럼 아이들도 나에 대해 아는 거라곤 이름, 얼굴 정도일 텐데…. 내가 뭐라고 나를 이렇게 좋아해 주는 거지? 몇몇 아이들은 엄마 다음으로 선생님이 제일 좋아요라고 이야기한다.

내가 뭐라고 감히 엄마 다음으로 좋아하는 사람이 될 수 있는 거지? 뭔가 이상하고 어색한 마음에 괜히 뚝딱거리곤 했다. 아이들이 '선생님~'하며 내 몸에 달려들면 몸이 굳어버리고, '선생님 사랑해요!'라고 하면 그저 '그래~ .'라며 건조하게 대답하기도 했다. 순수한 아이들이 주는 조건 없는 사랑이 익숙하지 않았다.

어느 4월 봄날이었다.

아직 학년 초반 업무로 한창 정신없는 와중에, 꽃샘추위로 감기

까지 걸려 몸 컨디션이 좋지 않은 날이었다.

아침에 출근하면서 '힘들다, 지친다.' 온갖 투정을 다 부리며 억지로 학교에 들어갔다. 아프고 피곤한 것을 최대한 티 내지 않으며 등교하는 아이들을 맞이했다.

그때, 무뚝뚝한 한 남자아이가 내게 무엇을 쑥 내민다. 뽀얀 벚꽃 한 송이었다. 창밖을 보니 밖에는 벚꽃이 만개해 있었다. 너무 바쁘고 정신이 없어 꽃이 이렇게 피었는지도 몰랐다.

"이게 뭐야?"

"선생님 거예요."

"우와. 선생님 주려고 아침에 챙겨온 거야?"

"네에~"

평소에 말이 없고 숫기 없는, 곰돌이 같은 남자아이가 준 그 핑크빛 벚꽃의 힘은 아주 대단했다. 그 마음이 너무 예쁘고, 고맙고, 사랑스러워서, 또 밖의 벚나무를 볼 수 있는 여유를 주어서, 그날은 생각보다 아주 수월했던 하루였다.

학교에서 아이들로 인해 힘들고 지치곤 하지만, 내 자존감을 높여주고 나를 살아가게 하는 것도 결국 아이들이다. 내가 컨디션이 안 좋을 때 실없는 소리로 피식 웃게 만들어 주는 것도 아이들이다. 예상하지 못한 감동으로 내 마음을 울리는 것도 아이들이다. 우리 엄마 아빠만이 줄 수 있는, 조건 없는 사랑을 주는 것도 아이들이다. 오늘따라 가슴이 아리도록 미안하고 사랑하고 고마운 존재들이다.

NOTE

교무수첩도 온라인으로, 노션 교무수첩

이번 주 일정, 학교 행사, 수업 계획, 학생 기록 등을 위해 교무수첩은 교사에게 필수적인 것 중 하나입니다. 그래서 학기 초가 되면 어떤 교무수첩이 좋을지 열심히 고릅니다.

하지만 '노션'을 활용한 온라인 교무수첩을 사용한다면 아날로그식 교무수첩보다 좋은 점이 있답니다. 아래 장점을 보고 노션을 활용해 보세요!

- **각종 링크를 자유롭게 삽입할 수 있습니다**

수업 때 활용할 영상 링크, 인디스쿨 자료 링크 등을 자유롭게 저장해두면 수업 때 바로 클릭해서 활용할 수 있습니다. 또한 학교에서 사용하는 공유 문서 또한 링크를 정리하여 저장해두기 편하답니다.

- **파일을 제한 없이 업로드하여 사용할 수 있습니다**

학생 명부, 수업 자료, 시간표 등 꼭 필요한 자료들을 제한 없이 업로드해 두면 필요할 때마다 확인할 수 있습니다.

- **수정이 편리합니다**

학교 상황은 수시로 변합니다. 변경사항이 있을 때마다 추가, 삭제, 수정이 편리합니다.

- **기록이 간편합니다**

학생 관찰 기록을 해야 할 때 바로바로 간단하게 적어둘 수 있습니다.

이 외에도 장점이 많습니다. 멋진 선생님들께서 노션 교무수첩 틀을 만들어서 공유해 주십니다. 한번 활용해 보시길 추천해 드립니다!

07

황상우

심지를 찾아서

심지가 곧은 사람은 내면이 단단한 사람이다.
심지가 곧은 교사는 자신만의 교직관이 뚜렷한 사람일 것이다.
나는 그러한 교사가 되고 싶다.

◆

　어린 시절부터 나는 주관이 뚜렷한 아이였다. 고집불통, 독불장군, 뭐 이런 부정적인 느낌이라기보다는 내가 옳다고 생각하고 느낀 바가 있다면 대체로 실천에 옮기고 결과를 이루어냈다.
　'경험을 수용하되, 나만의 철학을 내세운다.'
　이것이 성인이 된 황상우의 주관이다. 대학교, 군대, 동아리 등 모든 사회에서 이를 행해 왔다. 과연 이러한 주관이 교육 현장에서도 순탄하게 적용이 될 것인지 나는 궁금했다.
　교육대학에서 수업을 수강하고 여러 차례 교생 실습을 다니며 교수님과 담임 선생님이 공통으로 하신 말씀이 있었다.
　"학생들에게 적정한 선을 유지하라. 그것이 교사에게 이로울 것이다."
　이는 비단 예비 교사 시절뿐이 아니었다. 교단에 선 현재도 동료, 선배 선생님들은 여러 가지 노하우를 전수하며 위와 비슷한 조언을 해주셨다. 나는 이러한 말들을 '머리로는' 품었다.
　발령을 받고 처음으로 아이들과 대면하는 날, 나는 고민에 빠졌다. 학기 초니까 당연히 담임 선생님이 어떤 사람인지 궁금하겠지. 게다가 처음 보는 남자 선생님인데 질문하고 싶은 게 한가득할 것이다.

그래서 나는 '무물보(무엇이든 물어 보세요)' 활동을 준비했다.

질문을 받고 난 후, 나는 경악했다. 아이들은 예상치도 못한 질문을 마구 던져대는 거였다. '이걸 어디까지 대답을 해줘야 할까. 이 질문은 대답을 해줘야 하는 것이 옳을까?' 나름대로 기준을 거쳐 적당히 답변을 마치고 나서 나는 갈등했다. 머리와 가슴의 싸움이었다.

선배라는 존재는 정말 대단하다. 같은 직종에서 먼저 경험을 해보았기에 햇수와 상관없이 수 많은 성공과 실패를 겪어왔다. 그러한 사람의 조언은 거의 적중할 테고, 나는 이를 알고 있으며 그들을 존경한다. 하지만 결국 나의 싸움은 가슴의 승리, 머리의 완패였다.

몇 개월에 걸쳐 나와 함께 생활한 우리 햇반의 아이들은 나에 대해 아주 많이 알고 있다. 신규 교사로서 본인들이 첫 제자이며 나이는 몇 살이고 사는 곳은 어디인지, 심지어는 애인의 유무까지 말이다. 이러한 이야기를 들은 주변 선생님들은 아마 깜짝 놀랐으리라. 아이들은 비밀이 없기에 그 정보들은 고스란히 학부모의 귀에 들어갈 테고 그렇게 된다면 내가 곤란해지지 않겠냐는 걱정을 내비쳤다. 하지만 나는 상관이 없었다.

내 머리가 가슴에 진 까닭은 이렇다.

나는 아이들과 적당히 거리를 유지하고 싶지 않다. 그렇다고 아이들이 먼저 다가오기만을 기다리는 수동적인 성격도 아니다. 그렇기에 나는 아이들과의 벽을 허물고 나에 대해 많은 정보를 제공하며 그들과의 신뢰 및 라포를 형성하고 싶었다. 나는 백 살인 선생님이 아니고, 결혼해서 아이가 둘인 선생님도 아니다. 그러한 내 불요불굴의 주관이 다른 선배들의 조언과는 반대로 행동했고, 7월 현재까지 나는 그것을 후회하지 않는다.

이야기하고자 하는 것은, 선배들의 충고와 경험을 전부 무시하라는 게 아니다. 다만 그들의 앞선 수많은 성공과 실패의 경험을 수용하고 받아들여 본인의 것으로 만듦에 있어 자신의 주관을 녹이라는 말이다. 그렇지 않으면 자신을 타인과 쉽사리 비교하게 되고 종국에는 매너리즘과 무기력에 빠져 무너지기 쉽다고 생각한다.

나는 나의 행복이 언제나 최우선이기에 내가 원하는, 그리고 내가 진정으로 옳다고 생각하는 주관을 바탕으로 아이들과의 관계를 나만의 방식대로 정립해 나갔다.

형성된 라포를 바탕으로 나는 나의 교직관마저 새로이 수정했다. 고학년 담임이기에 학업과 관련된 학부모님들의 요구도 쉽사리 거절할 수는 없었다. 그렇지만 나는 교직 첫해의 주된 목표를 '학교에 오는 게 즐겁고 행복한 교실을 만들기 위해 노력하는 교사'로 설정하고 아이들이 등교하고 싶은 마음이 들게끔 최선을 다했다.

아이들과 거리를 두지 않고 부담스럽지 않은 선에서 내가 먼저 다가갔으며, 모든 아이와 하루에 한 번씩은 스몰토크를 했다. 아이들이 하고 싶어 하는 활동이 있다면 최대한 반영했고 가가볼이나 술래잡기 등의 신체활동도 함께했다.

당연하게도, 그러한 행동은 피로가 수반된다. 내가 다가가도 쉽사리 마음의 문을 열지 못하는 아이, 가가볼 몇 판 하고 나서 땀에 젖어버린 옷, 인후통약을 달고 사는 쉬어버린 목 등이 이를 증명하겠다. 하지만 아이들은 서서히 나에 대한 믿음과 따름을 보여줬고, 나와 함께하는 체육 활동을 일주일 내내 기다리고는 했다.

이러한 변화를 보며 내 선택이 틀리지 않았음을 인지했다. 그리고 그것은 곧 나의 행복, 그리고 아침에 아이들을 서둘러 보러 가고 싶어 하는 출근길의 에너지로 전환되었다. 언젠가 미래의 황상우는 2025년의 신규 교사 황상우를 떠올리며 '그땐 그랬지.'라고 이야기할지도 모른다.

경험이 쌓이며 더 유연한 교직관, 혹은 아이들과의 관계 유지 방법을 터득할 수도 있다. 그렇지만 그때의 나도 현재의 행동을 후회하지 않을 것이다. 교사는 인공지능이 아니기에 모두가 똑같은 방법으로 학급을 경영할 수는 없을 것이다. 나는 선배들의 경험을 수용하고 나의 주관을 조금씩 수정해 가며 앞으로도 나만의 방식으로 아이들을 사랑하겠다.

> **NOTE**

자신만의 교육 노하우를 만들어 보세요

처음 교사가 되면 누구나 어떻게 교실을 관리하고 학급을 운영해야 할지 고민에 빠지게 됩니다. 그럴 때, 선배들에게 도움을 요청해 보세요. 다년간의 경험과 경영 방법, 비전을 흡수해 자신만의 교육 노하우를 만드는 것이 중요합니다.

• 교직관 만들기

신분상의 교육공무원이 된 것과 별개로 나는 어떠한 교사가 되고 싶은지, 어떤 교사가 되어야 하는지 고민해 보세요! 우리는 모두 임용고시 2차 심층 면접을 준비하며 자신만의 교직관을 생성하고 수정했습니다. 하지만 우리가 생각하는 이상과 실제 교육 현장은 조금 거리가 있을지도 모릅니다. 경험을 쌓으며 내가 진정으로 되고 싶은 것은 어떤 교사의 모습인지 설정하고 발전시켜 나간다면, 보다 탄탄한 교직관을 갖게 될 수 있을 것입니다.

• 교육 경영 철학 만들기

교사의 주된 업무는 수업만 있지 않습니다. 학생들의 생활 지도 역시 큰 비중을 차지하죠. 따라서 나는 어떤 교실을 만들고 싶은지 생각해 보세요! 학급 아이들과의 마음의 거리는 얼마나 가깝게 할지, 그들에게 어떤 방식으로 다가갈지 나와 잘 어울리는 길을 선택하고 그것을 실천하는 것은 매우 중요합니다. 매해 자신만의 교육 경영 철학을 발전시키는 교사가 되길 바랍니다.

불요불굴이란, 흔들리지 않으면 굽어지지 않는다는 뜻의 사자성어입니다. 교직 생활을 하며 여러 예측 불가능한 어려움이 닥쳐도 나의 교직관과 교육 경영 철학이 흔들리지 않는 곧은 심지로 버틴다면, 선생님의 결정은 결코 부러지지 않으리라 생각합니다.

08

염덕원

시스템을 설계하는 교사

언제든 작은 사회의 새로운 시스템을 만들 수 있고,
그것을 체험해줄 학생들이 있다는 점에서
교사는 정말로 재밌는 직업이다.

◆

 초등학생의 하루는 대부분 담임교사의 계획과 판단 아래 흘러간다. 학생이 어떤 과목을 언제 배우고, 어떤 내용을 어떤 방식으로 접하게 될지, 쉬는 시간에 무엇을 하며, 점심시간에는 행동을 어떻게 해야 하는지 결국 담임교사가 정한다.

 즉, 교사는 단순히 수업만 하는 사람이 아니라, 학생들의 하루 전체를 설계하고 조율하는 사람이다. 수업 시간에 어떤 내용을 가르칠 것인지만이 아니라, 그들이 교실에서 보내는 모든 시간과 활동, 관계와 감정까지 고려하는 총체적인 설계가 필요하다.

 많은 이들은 좋은 교사의 자질로 '설명을 잘하는 능력'이나 '학생을 잘 챙기는 따뜻함'을 떠올린다. 물론 그것도 중요하지만 교사 생활을 직접 해보며 더 크게 다가온 자질은 따로 있다.

 바로, 교실이 스스로 굴러가도록 만드는 '시스템을 설계하는 능력'이다. 학생이 매일 반복되는 일과 속에서 안정감을 느끼고, 예측할 수 있는 흐름 안에서 자율적으로 생활할 수 있도록 구조를 짜는 것이다. 그 구조 안에서 교사는 더 중요한 일에 집중할 수 있게 된다. 교사의 말을 기다려야만 움직일 수 있는 교실과, 규칙 흐름에 따라 학생 스스로 움직이는 교실은 전혀 다르다.

교사는 학생들에게 좋은 경험은 많이 제공하고, 나쁜 경험은 될 수 있으면 줄이기 위해 교실의 하루를 조율한다. 이를 위해서는 어느 정도의 '통제'가 필요하지만, 물리적으로 교사가 모든 일을 직접 챙기기엔 한계가 있다. 출근하자마자 책상 앞에 둘러선 아이들은 쉴 새 없이 질문한다.

"화장실 가도 돼요?"

"이건 일반쓰레기예요?"

"체육 시간엔 뭐해요?"

"오늘 방과후 있어요?"

심지어 쉬는 시간인데도 "쉬어도 돼요?"라고 묻는 아이도 있다.

이런 질문을 하루에도 수십 번씩 받다 보면, 교사는 정작 중요한 수업 준비나 상담, 관찰에 집중할 수 없게 된다. 간단한 질문조차 매번 교사를 통해야 한다면, 교실은 늘 멈춰 있는 상태로 시작해야 한다.

그래서 교실에는 시스템이 필요하다. 쉬는 시간은 언제고, 그 시간엔 화장실에 가도 된다는 규칙. 쓰레기는 무엇을 어디에 버리는지에 대한 분명한 기준. 수업 내용은 수업 시간에 안내되며, 불필요한 선행 질문은 기다린다는 약속. 이러한 기본 규칙과 흐름이 반복을 통해 자리 잡을 때, 교실은 교사의 말 한마디 없이도 스스로 돌아간다. 필요 없을 때 말을 줄이면, 필요할 때 아낌없이 말할 수 있다. 시스템은 교사와 학생 모두를 자유롭게 한다.

가장 대표적인 교실 시스템 중 하나는 하교 준비 시간이다.

어느 시점에 알림장을 쓰고, 그다음엔 개인 자리를 정리하고 청소를 시작하며, 마지막엔 가방을 싸고 조용히 대기하는 흐름이 있다. 교사가 매번 말하지 않아도 아이들이 움직이는 이유는 그 절차가 학급 시스템 안에 이미 내재해 있기 때문이다. 이처럼 익숙한 흐름은 교사의 반복적인 설명보다 훨씬 효과적으로 아이들의 행동을 유도한다. 설명하지 않아도 돌아가는 교실이 바로 설계된 교실이다.

이렇게 교실이 자율적으로 굴러가기 시작하면 아이들은 스스로 움직이는 법을 배우고, 교사는 번아웃 없이 수업과 관계에 더 집중할 수 있게 된다. 단순히 '잘 가르치는 것'보다 '잘 설계된 교실'이 주는 안정감은 훨씬 크다.

기본적인 시스템이 안착되면 교사는 더 넓은 범위의 교육적 실험을 시도할 수 있다.

학급 내 과업을 수행하고 교실화폐로 보상을 주는 '경제 교실', 직업 놀이를 중심으로 한 역할 기반 학급 시스템, 학생이 스스로 책임을 나누는 '부서 중심 운영' 등 교사의 의도와 철학에 따라 다양한 확장 모델이 가능하다. 이 과정에서 아이들은 참여와 책임, 소속과 자율을 함께 경험하게 된다. 교사는 단순히 규칙을 정하는 사람이 아니라, 작은 사회를 설계하고 운영하는 기획자에 가까운 존재가 된다.

초임 시절 나는 그런 설계를 하기보다 매번 대응하려는 교사였다. 일과는 준비되어 있었지만, 아이들의 모든 질문에 하나하나 대응하며 하루를 버티는 데 급급했다. 수업 중에도 누군가 일어나 질문하면 흐름이 끊겼고, 정리 시간에도 매번 '지금 뭐하죠?'라는 질문에 다시 설명하곤 했다. 아이들이 움직일 수 있도록 흐름을 잡는 것보다, 나 혼자 전부 운영하고 통제하려는 태도였던 것이다.

교실은 조용하지 않았고, 나는 늘 피곤했다. 그때 나는 아이들의 자율성이 부족하다고 생각했지만, 지금 돌아보면 구조 없이 아이들에게 맡겨놓고는 자율성을 기대한 내 잘못이 더 컸다.

그 이후로 나는 하나씩 시스템을 설계하기 시작했다.

공지 시간은 정해진 루틴 속에 넣었고, 질문 전에 스스로 확인할 수 있는 안내판과 시각 자료를 활용했다. 수업 외 시간의 흐름을 시계에 붙여두고, 교실에 '예상할 수 있는 질서'를 만들어 주었다.

처음엔 혼란스러워하던 아이들도 어느새 그 질서 속에서 자연스럽게 움직였다. 한 학기가 지나고 나면, 아이들은 대부분의 일과를 교사가 말 없이도 알아서 해낸다. 교사로서 말하지 않아도 되는 상태는 단순한 편리함이 아니라 교육적으로도 중요한 지점이다. 학생이 습관적으로 어른에게 물어보지 않고 스스로 하루의 일과를 해내는 흐름 속에서 교사와 학생 모두가 성장한다.

시스템이 없는 교실은 매일 처음 시작하는 교실이고, 시스템이 자리 잡은 교실은 학습과 관계에 집중할 수 있는 기반이 된다. 물론 시스템은 한 번 설정한다고 끝이 아니다.

아이들의 나이와 특성에 따라 수정되기도 하고, 시행착오를 겪으며 다듬어야 한다. 중요한 건 교사가 그 흐름을 '설계하는 사람'이라는 자각이다. 교실에서 일어나는 수많은 일들을 예측하고, 반복하고, 단순화하며 누구나 익힐 수 있도록 만드는 능력. 그것이 오늘날 교사가 갖춰야 할 중요한 전문성 중 하나이다.

나는 지금도 수업 내용을 고민하는 것만큼 수업 외의 교실 흐름을 어떻게 설계하고 변화를 줄지 늘 고민한다. 아이들이 묻지 않아도 알 수 있고, 교사가 개입하지 않아도 움직일 수 있는 교실을 만드는 것이 오늘 내가 교사로서 가장 중요하게 생각하는 일 중 하나다.

매시간 수업이 잘 진행되는 교실보다, 시스템이 잘 작동하는 교실을 꿈꾼다.

NOTE

교실 시스템을 시작하는 선생님들께

잘 지도하는 방법을 연구하는 것도 중요하지만, 반복하여 지도하지 않도록 교실의 구조를 '시스템화'하는 일은 교사와 학생 모두를 위한 중요한 선택입니다. 시스템이 잘 작동하는 교실은 교사가 굳이 설명하지 않아도 학생들이 스스로 움직이며, 그 안에서 책임감과 자율성이 함께 자라납니다.

시스템화를 위해 저희 교실에서 사용하는 규칙 몇 가지를 소개합니다.

- **'친구 두 명' 질문 원칙**

수업과 직접 관련 없는 질문이 생기면 친구 두 명에게 먼저 물어보고, 그래도 해결되지 않을 경우 선생님에게 질문합니다. 질문하는 학생 중에 학급 임원이 포함되어 있으면 더욱 좋습니다.

- **수업 중에는 수업 이야기만**

수업 시간에는 해당 과목과 관련된 이야기만 나누고, 다른 이야기는 쉬는 시간으로 미룹니다.

- **제출물은 지정된 위치에 정리**

모든 학급 제출물은 지정된 장소에 제출하고, 제출물 관리자가 아침마다 제출 여부를 확인합니다. 개인정보가 포함된 제출물은 L자 파일에 넣어 제출하도록 합니다.

이러한 시스템은 눈에 잘 띄고 자주 보이는 것이 무엇보다 중요합니다. 교실 앞면에 크게 게시하거나, 학생 책상 위에 작게 부착해 눈을 돌릴 때마다 확인할 수 있도록 해보세요.

또한, 시스템을 단순한 '지켜야 할 규칙'이 아닌, '교실 전체가 원활하게 작동하도록 돕는 구조'로 소개하면 훨씬 효과적입니다. 규칙이라고 말하면 지시처럼 들릴 수 있지만, 시스템이라고 하면 학급을 함께 운영하는 구성원이라는 인식을 심어줄 수 있습니다. 이로써 학생들은 그 규칙을 '따르는 것'이 아니라 '함께 만들어 가는 것'으로 받아들이게 됩니다.

아래에는 도전해 볼만한 시스템을 다룬 도서를 소개합니다.

『행복하고 탁월하며 민주적인 학급을 위한 학급 운영시스템(정유진)』

『교실 속 직업 놀이 : 꿈과 자존감을 키우는 행복한 학급 운영(이수진)』

『달구쌤의 경제·금융 교실(천상희)』

09

임은광

방울토마토와 함께 자란 아이들

아이들이 자라며 수업도 함께 자란다.
아이들이 성장하는 만큼 수업도 달라져야 하기에,
어떻게 하면 비슷한 활동이더라도 조금 더 다르고
의미 있게 할 수 있을지 고민해 보아야 한다.

여름 방학을 앞두고 아이들과 함께 정성껏 가꾼 방울토마토를 수확했다. 방울토마토 모종은 두 달여 만에 아이들의 키를 훌쩍 넘길 만큼 쑥쑥 자라 있었다. 그 짧은 시간 동안 방울토마토는 아이들에게 예쁜 꽃도 보여주고, 초록색의 열매가 빨간색으로 익어가는 모습도 아낌없이 보여주었다.

아이들은 이 과정을 가까이에서 지켜 보며 생명의 신비를 느끼고, 직접 물을 주고 기르면서 자연을 소중히 여기는 경험도 할 수 있었다. 오늘은 빨갛게 익은 방울토마토를 골라 따서 친구들과 오순도순 먹으며 수확의 기쁨을 누려보았다.

아이들이 토마토를 따는 모습을 바라보면서 방울토마토만 자란 게 아니라 아이들도 참 많이 자랐다는 생각이 문득 들었다. 사실 방울토마토를 기르기 전, 봄철에는 아이들과 상추를 길렀었다. 그때만 해도 상추를 만지기 어려워하거나 무서워하는 아이들이 많았다.

손에 흙이나 벌레가 묻을까 봐 망설이는 아이, 상추를 너무 세게 잡아버리는 아이, 상추를 만지는 것이 무서워서 눈을 꼭 감은 채 상추 끝부분만 살짝 잡고 작게 찢어서 수확하는 아이도 있었다. 결국 절반 이상의 상추를 내가 수확했던 기억이 아직도 생생하다.

그런데 이제는 언제 그랬냐는 듯, 방울토마토를 아주 진지하게 따는 아이들을 보니 절로 미소가 지어졌다. 빨갛게 잘 익은 방울토마토만 쏙쏙 골라 하나씩 톡톡 따면서 친구들과 즐거운 시간을 보냈다. 같은 '식물 기르기' 활동이지만, 아이들의 모습은 매번 이렇게 달라진다. 아이들이 성장하는 만큼 수업도 달라져야 하기에, 나 역시 어떻게 하면 비슷한 활동이더라도 조금 더 다르고 의미있게 할 수 있을지 고민해 보아야 한다.

아이들이 처음 방울토마토 모종을 만났을 때 방울토마토에게 자신만의 이름을 지어주는 것으로 활동을 시작했다. 봄에 상추를 길렀을 때도 이름을 지어주고, 인쇄한 이름표를 아이들이 색칠해 꾸미는 활동을 했었다. 그때도 즐거워했지만, 이번에는 뭔가 새로운 방식으로 이름표를 만들어 보고 싶었다. 그래서 여러 가지 방법을 고민하다가, 아이들이 직접 캔바(Canva)라는 온라인 디자인 플랫폼을 활용해 방울토마토 이름표를 만들어 보는 수업을 기획하게 되었다.

물론 걱정이 앞섰다. 만 3세 아이가 태블릿 PC를 활용해서 창작물을 만들어 낼 수 있을지 불안한 마음이 들기도 했다. 그래서 여러 수업 사례를 분석하고, 시뮬레이션도 여러 번 돌리며 짧은 수업을 위해 많은 시간을 들여 준비했다.

수업 당일, 아이들은 방울토마토를 관찰하고 자신만의 이름을 지

어주었다. 상추 이름을 지을 때보다 능숙하고 창의적인 모습이 보여서 기특했다. 이어서 걱정했던 '캔바로 방울토마토 이름표 꾸미기' 활동도 진행했다. 그런데 웬걸, 걱정이 무색하게 아이들이 너무나도 수업에 열정적으로 참여하면서 즐거워하였고, 결과물 역시 기대 이상이었다.

　아이들에게는 태블릿 PC를 스스로 조작해서 무언가를 만든다는 것 자체가 아주 색다른 경험이었다. 우리에게는 아주 평범하고 익숙한 일이지만 아이들은 자신이 만든 결과물이 인쇄되어 나오는 과정 자체를 신기해하고 자랑스러워했다. 미술 표현에 자신감이 없던 아이들까지 미술 표현에 흥미가 생기는 계기가 되기도 했다. 아이들은 자신이 만든 이름표를 조심스럽고도 자랑스럽게 방울토마토 앞에 꽂아주었다. 이후 아이들은 방울토마토에게 물을 줄 때마다 "○○아, 잘 자라라~" 하고 인사를 건넨다.

그 모습이 어찌나 사랑스럽던지. 그럴 때마다 나도 마음속으로 너희에게 말을 건넨다. 그래, 너희도 잘 자라기를. 천천히, 그러나 분명하게 자라나는 너희의 하루하루를 나는 기쁘게 지켜볼게.

NOTE

디지털 매체 간단하고 쉽게 활용하기

자투리 시간에는 크롬 뮤직 랩(Chrome Music Lab)을 활용해서 아이들과 간단한 리듬을 만들어 볼 수도 있고, Kandinsky(CHROME MUSIC LAB 중 1) 화면에 아이들 이름을 써서 자신의 이름에는 어떤 소리가 나는지 들어볼 수도 있어요.

특별한 활동이나 행사가 끝난 뒤, 아이들과 모여서 간식을 먹거나 마무리 이야기를 나눌 때는 사진 몇 장을 화면에 띄워두기만 해도 분위기가 훨씬 살아납니다. 캔바로 배경과 제목을 예쁘게 넣은 후 사진을 배치해도 되지만, 급하면 스마트폰 사진을 미러링해서 보여줘도 충분해요!

　말을 많이 해서 목이 쉬었거나 힘들 때는 다양한 더빙 사이트로 아이들에게 말을 해볼 수 있어요.

　아이들과 학교 밖 풍경을 보고 싶을 때, 다양한 온라인 지도로 생생하게 거리뷰를 볼 수 있어요. 구글 어스를 사용하면 전 세계의 모습도 살펴볼 수 있습니다.

　아이들이 주제 관련 놀이를 할 때 화면에 관련 사진을 띄워주고, 관련 노래를 들려주면 놀이에 훨씬 쉽게 몰입하고 즐겁게 참여하는 모습도 볼 수 있습니다.

　독서 시간이나 아이들이 너무 활발해서 안정적인 분위기가 필요할 때는 캐논과 같은 클래식 음악을 배경으로 틀어주어도 좋아요!

09

장덕진

멀리서 보면 비극, 가까이서 보면 희극

선생님들과 함께한 모든 순간은,
즐거움이든 어려움이든 결국 하나의 '극'이다.
앞으로도 교실, 학교 그리고 교육이라는 무대에서 선생님들과
또 다른 극을 써 내려가고 싶다.

◆

 나는 짧은 교직 경력 동안 교육부와 교육청 직속 기관에 모두 파견교사로 나갔다 왔다.

 이러한 경험은 선생님들 사이에서 흔치 않은 경험으로 나의 견문을 확장해 주는 데 많은 도움을 주었다. 정말 많은 것을 배웠지만 또, 한편으로는 상처를 받는 경우도 많았다. 그리고 그 상처를 주는 주체는 다름 아닌 내 주변 동료인 선생님들이었다.

 인생은 '멀리서 보면 희극이고 가까이서 보면 비극'이라고 한다.

 SNS를 비롯해 대중에게 공개되는 일상은 항상 행복해 보이나 가까이서 보면 슬픈 일, 힘든 일이 가득한 것이 사람의 인생이다. 다만, 내가 교육행정기관에서 마주한 선생님들에게 느낀 감정은 반대이다. 멀리서 보니 서로의 틈이 컸고, 어쩌면 서로에게 상처를 주고 있었으나, 학교로 돌아와서 가까이에서 보니 서로 행복하고 좋은 관계였던 우리 선생님들에 대해 이야기를 해 보고자 한다.

 나는 동료 선생님들과 좋은 관계를 유지했다. 어느 학교에서든 어떤 사람과도 잘 보냈다. 또한, 단순히 현장에서 누군가와 잘 지내는 것을 넘어서서 업무적으로 만나거나 온라인 세상에서 만난 많은 사람과도 친하게 지내기 위해 노력했다. 원래 싸우기 싫어하는 성격이어서 그런지 회피하는 성격이어서 그런지는 모르겠으나 모든 사람과 원만하게 지냈다. 그런데 내가 행정기관에 가면서 문제가 발생했다.

바로 서로에 대한 '견해 차이'가 발생하게 된 것이다. 어떻게 생각하면 내가 학교가 아닌 새로운 환경인 행정기관에서 일을 하며 그 작동 방식에 대한 이해가 깊어져서, 그리고 그것은 소위 행정기관의 '어쩔 수 없음'에 알게 되서 인 것 같다.

동료 교사에게 있어 나는 '변한 사람'일 뿐이었다. 학교 현장에서 바라볼 때 교육행정을 하는 사람들은 그들이 아무리 교사 출신이라고 하더라도, 여전히 교사의 상황과 처한 상황을 고려하기 보다 거시적 통계에 기반하거나 정책적 당위에 기반한 추진을 하는 사람일 뿐이었다. 사실 그것은 역으로 생각해도 마찬가지이다.

어쨌든, 내가 잠시 교육부, 교육청으로 떠나있는 동안 여러 사람과의 갈등이 생겼다. 사실 표면적으로 갈등이 생긴 것은 많지 않았고 서로에 대한 오해가 있었을 뿐이다. 한때 나와 친했던 사람들, 그리고 나와 함께 교육에 대해 논하고 교육의 개선을 꿈꾸었던 자들이 나에 대해서 비판과 비난을 했다. 나를 좋아했던 분이 어느 순간 나를 떠나서 나에 대해 좋지 않은 이야기를 하는 경우를 건너 들을 수 있었다.

물론 내 개인의 일신에 관한 비난은 아니었다. 정책에 대한 비난을 곁들여 그 정책을 성공시키기 위해 발버둥을 치는 나의 모습을 보면서 아이들을 위하고 학생 교육을 중시하던 사람이 어떻게 변하여 저렇게 정책 중심적인 사람이 되었는가에 대해 비난하는 것이 주 골자였다.

사실, 내가 어느 자리에 있던지 나는 내 자리에서 최선을 다했을 뿐이라 스스로 변명했다. 아이들을 위해 학교에서는 그 누구보다 밀도 있게 최선을 다했고 교육행정기관에서는 내가 맡은 업무를 충실히 수행하기 위해 나름의 노력을 지속했다. 오해받는다는 느낌, 그리고 당신은 나의 입장을 잘 모르는 데 그렇게 속 편하게 말할 수 있냐는 생각이 가득했다.

그리고 사람이 참 어려웠다. 내가 아는 선생님들은 참 좋은 분들이었는데 그들로부터 민원을 받고 항의의 말을 듣는다. 친했던 분, 나를 좋아했던 분들은 내가 변했다고 말하며 나에 대해 좋지 않은 소리를 한다. 그것이 나를 위축되도록 만들었을까?

가까이에 있었던 선생님들은 나와 항상 희극이었는데 한 걸음 떨어지니, 어느 순간 비극으로 장르가 변화하였다. 함께 웃던 선생님이 내가 머무르는 장소와 입장에 따라 서로 멀어졌다. 그것이 나에게 내 삶이 참 비극이구나 느껴지게 만들었다. 또한, 그 감정이 참 싫었다.

하지만 이제는 모두 과거이다. 나는 다시 학교로 돌아왔다. 그리고 선생님들과 너무나도 잘 지내고 있다. 같이 커피를 마시며 때로는 밥을 먹고, 술을 마시기도 한다. 동고동락을 함께 나누는 즐거운 동료 사이로 돌아온 것이다.

선생님들과 다시 가까워졌고, 새로운 희극이 시작된 것이다. 사람은 자신이 존재하는 공간 그리고 물리적으로 마주하는 사람의 영향을 많이 받는다. 그것을 결코 무시할 수는 없다. 내가 하는 이야기에 잘 공감하는 사람은 나와 함께 등을 맞대고 있는 전우이다.

경험은 사람을 성장시키고 내가 교육행정기관에 다녀온 경험은 나를 다시 한번 동료 선생님과 더 멋진 희극을 펼칠 수 있도록 해주었다. 그리고 혹여 나중에 다시 그 물리적 거리가 멀어지더라도 마음의 거리는 멀어지지 않도록 하여 비극이 펼쳐지지 않도록 나의 언행과 역할을 재정립하도록 도움을 주었다.

선생님들과 함께하는 순간.

선생님들과 행복한 순간을 보내든, 힘든 순간을 보내든 결국은 하나의 '극'이다. 앞으로 교실이라는, 학교라는, 교육이라는 무대에서 선생님들과 함께 하나의 극을 써내려 가기를 바란다.

> **NOTE**

선생님만의 노하우 –
다른 사람을 위해 내가 먼저 베풀어 보기

초등학교 6학년 1학기 국어 교과서에는 "주어라, 또 주어라"라는 글이 나옵니다. 이 글은 다산 정약용 선생님이 두 자녀에게 남의 도움을 바라는 말버릇을 경계하고, 타인에게 먼저 베푸는 마음가짐을 가지도록 당부하며 쓴 편지에서 발췌한 글입니다.

제가 발령을 받고 거의 10년에 가까운 세월 동안 많은 동료와 잘 지냈던 이유와 그리고 행정기관으로 파견 나간 후, 서로의 입장 차가 발생한 이유를 생각해 볼 때 정약용 선생님께서 알려주신 지혜의 실천 여부에 따른 것이 아닐까 생각이 들었습니다.

모든 사람과 잘 지내기란 참 어려운 일입니다.

서로 살아온 과정이 다르기에 나와 맞지 않은 사람이 있을 수 있습니다. 그럴 때는 나와 입장이 다른 선생님은 '왜 그러는지'라고 먼저 생각해보면 좋을 것 같습니다. 저도 아이들을 가르치는 현장 교사에서 파견교사로 역할이 변경되었을 때, 특정 사안에 대해 각자 처한 입장에 따라 서로 생각이 다를 수 있다고 느낀적이 있습니다.

이럴 때 내가 먼저 베푸는 자세를 갖추고 한발 양보한다고 생각하면 조금 더 원만하게 상처 없이 모두의 시간을 보낼 수 있지 않았을까? 하고 스스로를 되돌아봅니다. 또한, 교사를 떠나더라도 함께하기를 바란다면 그 위치와 역할에서의 입장을 강요하기보다 과거를 떠올리며 양보하고 베푸는 것이 중요하지 않나 생각합니다.

교사로 생활하며 다른 직종으로 이직할 수도 있으며 교육 전문직으로 전직 혹은 학교 관리자로서의 승진 역시도 교직 사회에서 빈번하게 일어날 수 있습니다. 그 때 중요한 것은 견해 차이보다, 교사였던 시절을 떠올리며 먼저 손을 내미는 자세를 갖추는 것이라 생각합니다. 그 상대에 있는 교사들도 그 부분에 대해 역지사지로 생각해보는 것이 필요하다 생각합니다.

멀리서 보면 비극, 가까이서 보면 희극이었던 저의 동료 선생님과의 관계에서 힌트를 얻어 여러분의 교직 생활은 멀리서 봐도 희극, 가까이서 보아도 희극이 되기를 바랍니다.

11

김진수

넌 행복을 가져다주는 꽃이야

어려운 환경에서도 믿음을 가지고 나아가는
우리 친구의 미소가 어디에서 왔는지를 알게 되었다.
그 아이만의 단 한 사람인 부모의 믿음과 신뢰가 주는 힘.
묵직한 이 한 편의 시가 하루의 기억 속에
저 멀리 있던 부모님 목소리를 찾게 만든다.

◆

아이들은 이미 시인이다. 어느 주제를 던져줬을 뿐인데 곧잘 시를 쓰는 것을 보니.

교직 생활 초년에는 무언가를 넣어줘야만 그것이 교육이라 생각했다. 순서를 정확히 알려주고, '시란 이런 것이야'를 구구절절 이야기한 뒤에 써야 멋진 한 줄이 나오고 그것이 내 참교육의 결과인 것처럼. 지금은 그때와는 전혀 다르다. 일단 접근부터 차이가 난다.

'누구나 자신의 서사를 갖고 있다.'

누구나 저마다 사연이 있다.

나도 그렇고, 우리 아이들도 그렇다. 내가 좋아하는 것, 싫어하는 것, 관심 있는 것, 의미 있는 것, 직접 경험, 간접 경험 등 많은 부분이 서로 다르다. 수학의 경우 풀이와 정답이 거의 일치되게끔 도출되지만, 삶은 다르다. 삶이 다르니 글 또한 다르다. 서로 다르기에 처음부터 마지막까지 토씨 하나하나가 다르고 다름이 오히려 많은 이에게 공감과 전달력을 준다.

글이 주는 매력이다.

이렇게 매력적인 것이 글임에도 불구하고 아이들은 글쓰기를 싫어한다. 그것도 많은 아이가. 이 글을 쓰는 나조차도 그랬다. 싫었다. 정말 싫었다. 화면에 나온 글을 보고 베끼는데 바빴다. 학부시절 논문을 쓰기 싫어서 실기로 졸업하는 학과를 선택했을 정도였으니. 그것이 나의 글이었고, 글에 대한 내 감정이었다.

한 친구가 시를 나에게 보여준다. 봄의 분위기에 맞춘 〈꽃〉이란 시다. 아이가 가진 심성이 한편의 시에 모두 담겼다. 봄이 오기를 기다렸듯, 아이들의 웃음을 지긋이 바라보듯 행복으로 향한 순수한 아이의 마음이.

꽃

봄이 되면 피어오르는 꽃
아이들의 웃음처럼 활짝 피는 꽃

꽃은 아이들의 행복으로 가네
꽃도 아이들의 행복을 받으며 자라가네

넌 행복을 가져다 주는 꽃이야

이 시를 읽고 마지막 한 구절이 나의 마음을 따뜻하게 한다. '넌 행복을 가져다 주는 꽃이야.'

나는 아이들에게 어떤 것을 주는 꽃인지 생각해본다. 펜을 들고 한편의 글을 쓴다.

"꽃과 관련된 유명한 시가 있지.
나태주의 〈풀꽃〉이라는 시! 한번쯤 들어봤을 거야!

자세히 보아야 예쁘다
오래 보아야 사랑스럽다
너도 그렇다

이 말이 너무 좋아서 매년 친구들과 함께 글자 그림을 완성해서 교실 뒤에 붙여 놓기도 한단다. 이런 말이 있어. 사람들은 멀리서 보면 모두 좋아보이는데 가까이 가보면 못난 것이 많이 보여서 실망을 한다는 것. 그런데 나태주 시인은 자세히 보고, 오래 보면 더 좋다는 상반된 이야기를 하고 있지. 우리 친구들도 나태주 시인이 말하는 것처럼 그런 사람이 되었으면 좋겠구나!

자세히 볼 수록 예쁘고, 오래 볼수록 사랑스러운 그런 사람.
그런 사람이 되는 좋은 방법이 있다면 거울에 비친 자신에게 정직하라는 것이야. 남을 속이긴 쉽지만, 자신을 속이는 것은 어려운

법이거든. 남이 보기에 좋은 사람이 되기보다는 자신이 보기에 좋은 사람이 되는 것이 가장 좋은 방법이라고 생각해.

예쁘고 사랑스러운 자신을 꽃처럼 아름답게 가꿔갔으면 좋겠구나."

친구의 시 마지막에 있는 구절이 그래서 더욱 가슴 깊이 다가오는 것 같다.

"넌 행복을 가져다 주는 꽃이야"

이렇게 가슴 울리는 아이의 시를 만나면 통기타를 꺼내어 즉석에서 흥얼거린다. 이렇게도 만들어 보고 저렇게도 만들어 보고. 좋은 멜로디 라인의 윤곽이 잡혔다.

이번에도 마음에 드는 곡이 탄생했다. 제목은 최고의 한 문장인 〈넌 행복을 가져다주는 꽃이야〉로 정했다. 노래를 완성하고 녹음하여 아이에게 선물로 준다. 아이가 기뻐한다. 또 다른 시로 화답한다. 그렇게 우리는 시와 노래로 대화를 이어갔다.

좋은 느낌의 시를 아이로부터 발견하면 반 친구들과 함께 읽고 느낌을 나눈다. 좋은 점을 찾는다. 벌써 아이들의 손이 여기저기 번쩍 들린다. 특별한 기교가 없어도 그 자체로 소중한 시들이다.

이런 일련의 과정을 통해 서로의 시에 관하여 좋은 점을 찾고 그것을 자신 것으로 만들어 과정을 꾸준히 연습한다. 아이들은 이 행위가 얼마나 위대한 것인지 모른다. 내면에 담긴 것을 꺼내는 것이 어른이 되어보니 매우 어렵다는 것을 알기에. 시 쓰기를 통해 자신이 갖고 있는 것을 글로 풀어내는 용기를 우리는 마주하고 있다.

도덕 시간. 가족이라는 주제로 한 단원을 마쳤다. 단원 마무리로 하기 딱 좋은 활동 시 쓰기.
"이번 단원에는 가족의 사랑을 많이 나누고 느꼈습니다. 지금까지 한 것을 되새기며 자신의 마음이 담긴 한 편의 시를 써보도록 해요."
아이들이 시를 써온다. 저마다 행복이 느껴진다. 한 친구가 제출한 시에서 잠시 생각에 잠긴다.

선물

내게 가장 큰 선물은 부모님이다
부모님은 매일 내게
믿음을 주기 때문이다

어려운 환경에서도 믿음을 가지고 나아가는 우리 친구의 미소가 어디에서 왔는지를 알게 되었다. 그 아이만의 단 한 사람인 부모의 믿음과 신뢰가 주는 힘. 묵직한 이 한 편의 시가 하루의 기억 속에

저 멀리 있던 부모님 목소리를 찾게 만든다.

덕분에 퇴근길에 어머니께 전화를 건다. 아이의 시가 이렇게 내 삶에도 정다운 연결을 해준다.

NOTE

선생님께서는 아이들에게 행복을 가져다주는 꽃입니다

교직 초년에는 '제대로 가르치는 것'에만 마음이 쏠리기 쉽습니다. 틀리지 않게, 정답을 알려주고 싶고, 좋은 수업을 보여주고 싶은 마음. 하지만 시간이 지날수록 알게 됩니다. 진짜 배움은 아이의 언어로 말할 수 있을 때, 그 마음을 꺼낼 수 있을 때 비로소 시작된다는 것을요.

시를 쓰듯, 수업도 때로는 틀어질 수 있습니다. 계획대로 되지 않아도 괜찮습니다. 그날 아이와 함께 웃었다면, 그것만으로 의미 있는 하루입니다. 아이는 선생님의 완벽함보다 따뜻한 실수를 기억합니다. 따뜻한 눈빛과 기다림 속에서 아이들은 자신이 소중하다는 믿음을 키워갑니다.

선생님께서 아이의 시를 읽고 노래로 만드는 그 순간, 교사는 아이의 세계에 진심으로 들어선 존재가 됩니다. 우리는 가르치는 사람이기 전에 '들어주는 사람'이기도 합니다. 조금 서툴러도, 지금 그 자리에 있는 선생님께서는 이미 충분히 아름답습니다.

  아이들은 선생님을 통해, '넌 행복을 가져다주는 꽃이야'라는 말을 매일 배우고 있을 거예요.

3장

다시,
내일의 교실로

이별, 후회,
다짐을 지나 교실로 돌아가는 용기

월요일은 싫어도 교사는 하고 싶어

01

문정원

공부는 왜 해야 할까?

배우는 일보다 가르치는 일이 더 익숙해진 교직 2년 차,
나는 '공부하는 교사'가 되기로 결심했다.

◆

　학창 시절, 내 삶의 기준은 '시험'이었다. 시험이 있기에 공부했고, 잘 보기 위해 더 치열하게 노력했다. 아마 대다수 선생님도 모두 나와 비슷한 학창 시절을 보내지 않았을까 감히 예상해 본다.

　당시 나의 공부의 원동력은 '시험' 그 자체였다. 시험 한 달 전이면 날짜별로 꼼꼼하게 계획을 세우고, 매일 주어진 과업을 착실히 수행했다. 원하는 성적이 나오면 기뻐했고, 그렇지 않으면 좌절했다. 그리고 또 다음 시험을 기약했다. 내가 공부했던 이유는 '시험을 보니까'였고 시험을 잘 봐야 하는 이유는 '그냥 시험이니까'였다.

　그렇지만 요즘 초등학생들은 이 시험이라는 경험이 현저히 부족한 실정이다. 나의 초등학생 시절을 떠올려 보았을 때는 1학년부터 매 학기 중간고사, 기말고사는 물론 받아쓰기와 단원평가 등을 숱하게 치뤘던 기억이 있다. 그러나 교사가 되어 다시 찾은 초등학교 교실은 그때와는 상당히 다른 모습이었다.

　이제는 일제식 지필평가보다 수행평가 중심의 평가가 주를 이루며, 학생들이 눈에 보이는 방식으로 자신의 성취를 확인하는 기회는 많지 않다. 단원평가나 받아쓰기는 담임교사의 재량에 맡겨지지만, 민원 발생의 우려로 시행을 꺼리게 되는 현실이다. 시험을 보니까 공부했던, 시험이 당연했던 세대의 교사인 나에게 시험이 사라진 교실은 아직도 낯설다.

그래서일까, 발령 첫해에 나는 공부의 필요성을 느끼지 못하는 아이들을 자주 마주했다. 쉬는 시간에는 누구보다 활발하지만 수업 시간에는 공허한 눈빛으로 앉아 있는 아이들, 수학 익힘책은 늘 빈칸 투성이인 아이들을 보며 '이 아이들에게 공부해야 할 이유를 어떻게 설명할 수 있을까'라는 고민에 빠졌다.

그러나 시험이 사라진 교실에서, 공부의 필요성에 대해 명쾌한 답을 찾기란 나에게도 쉽지 않은 일이었다. 그렇지만 아이들에게 공부에 대한 의욕을 심어주고 싶었던 열정 많은 초임 교사였던 나는 여러 책과 영상들을 찾아보며 '공부는 왜 해야 할까?'라는 질문에 대한 나름의 답을 구하고자 했다.

"얘들아, 너희 부모님께서 제일 많이 하시는 잔소리가 뭐야?"

"공부해라!"

"맞아, 공부하라는 말 많이 듣지? 그런데 얘들아, 공부는 왜 해야 한다고 생각해?"

드디어 이 질문에 대한 답을 찾았을 때쯤, 아이들에게 무작정 질문을 던져보았다. 아이들은 다양한 대답을 쏟아냈다.

"부모님이 시켜서요."

"칭찬받으려고요."

"좋은 대학 가고, 좋은 직장 얻으려고요."

"훌륭한 사람이 되기 위해서요."

"꿈을 이루기 위해서요."

아이들의 대답을 모두 들어본 후, 나는 다시 질문을 던졌다.

"그럼 칭찬받으려고, 좋은 대학 가려고, 좋은 직장 얻으려고 공부를 한다면 결국은 공부를 '잘'하는 사람만 그 목적을 달성할 수 있을 텐데. 그럼, 성적이 낮은 친구들은 공부를 안 해도 되는 걸까? 칭찬도 못 받고, 좋은 대학도 못 가고, 좋은 직장도 못 얻을 테니까?"

아이들은 잠시 머뭇거렸다.

왠지 아니라고 대답해야 할 것 같지만, 왜 그런지는 선뜻 설명하지 못한다. 나는 이어서 말했다.

"그리고 말이야, 우리 사회에는 학교에서 배우는 수학이나 과학 같은 걸 몰라도 할 수 있는 직업이 훨씬 더 많은데, 그런 직업을 꿈꾸는 친구들은 공부를 안 해도 되는 걸까?"

아이들의 표정은 더욱 갸우뚱해졌다.

그때, 나는 칠판에 '자기 효능감'이라는 단어를 크게 써 넣었다. '공부는 왜 해야 할까?' 정답은 없는 질문이지만 내가 찾은 답은 바로 '자기 효능감'이었다. 예를 들어, 지난 시험에서 50점을 받았던 아이가 열심히 공부한 끝에 이번에는 80점을 받았다고 하자. 그 순간 아이는 '어? 나 이게 되네?'라는 생각과 함께 자신을 조금씩 믿게 된다. 그리고 이런 '나 자신을 믿는 힘'은 앞으로 어떤 도전을 마주하든 버팀목이 되어준다.

아이들 중에는 '가분수를 대분수로 바꾸는 걸 배워서 도대체 어디다 써먹어요?'라고 묻는 경우도 있다. 어쩌면 그 말이 맞을 수도 있다. 지금 배우고 있는 지식이 앞으로 직접 사용할 일이 없을지도 모른다. 하지만 중요한 건 지금 당장 수학 문제 하나를 맞히는 것이 아니라, 어제는 틀렸던 문제를 오늘은 맞힐 수 있게 된 그 '과정'이다. 그 과정에서 아이는 자신의 잠재력을 믿고 또 다음 관문을 향해 도전한다.

돌아보면, 나 역시 학창 시절 수많은 시험을 거치며 '자기 효능감'을 조금씩 키워왔던 것 같다. 시험을 준비하며 계획하고, 실행하고, 결과를 반성하는 그 과정에서 나는 나의 가능성을 믿게 되었고, 더 나은 나를 향해 도전할 수 있었다.

하지만 요즘 아이들은 그와 같은 성취 기회를 얻기 어렵다. 시험이라는 관문 없이, 자기 자신을 뛰어넘는 경험을 하기는 쉽지 않다. 물론 과거처럼 일제식 지필평가를 부활시켜야 한다는 이야기는 아니다. 다만 아이들이 한 번쯤은 무언가를 열심히 준비하고, 그 결과 짜릿한 성취감을 느낄 기회를 경험해 보았으면 하는 아쉬움이 남는다.

사실 이 이야기를 아이들에게 들려주며 나는 마음 한구석이 콕콕

찔리는 것을 느꼈다. 아이들에게는 공부가 대학이나 직장을 위한 것이 아니라고 말했지만, 결국 나조차 임용시험에 합격한 이후로는 현실에 안주하고 스스로의 성장에 소홀했으니까 말이다.

그래서 나는 다시 한번 공부를 시작해 보기로 마음먹었다. 조금씩 성장하는 나 자신을 통해 다시금 '자기 효능감'을 느끼고 싶었다. 그 믿음을 발판 삼아 더 단단한 교사가 되고 싶었다. 그렇게 나는 설레는 마음으로 대학원 원서를 제출했다.

배우는 일보다 가르치는 일이 더 익숙해진 교직 2년 차, 나는 '공부하는 교사'가 되기로 결심했다. 낮에는 교사로, 밤에는 학생으로 살아가는 일이 쉽지만은 않겠지만, 다시 도전할 용기를 낸 이유는 단 하나다.

나 자신을 믿는 힘, 무엇과도 맞바꿀 수 없는 '자기 효능감'을 위해서. 그리고 언젠가, 아이들에게 '공부는 왜 해야 해요?'라는 질문을 받았을 때, 그 답을 나의 삶으로 보여줄 수 있는 교사가 되기 위해서.

> **NOTE**

교사가 대학원에 갈 수 있는 방법

• 교직과 병행

저녁 시간대에 수업이 진행되는 야간제 대학원을 선택해 재직 중에 대학원 과정을 이수하는 방식입니다. 연수 휴직이 어려운 3년 이하 저경력 선생님들이나 현장 경험을 유지하며 공부하고 싶은 선생님들께 적합합니다.

다만 학업에 온전히 집중하기 어렵고 체력적 부담이 클 수 있습니다. 풀 타임 대학원생들보다는 현직 교사 비율이 높은 학교나 학과를 선택하면 수업이나 과제 측면에서 일부 배려를 받을 수 있으니 입학 전 정보를 충분히 탐색해 보시기 바랍니다.

• 연수 휴직 활용

3년 이상의 교육 경력자라면 교육청의 연수 휴직 제도를 통해 학업에 전념할 수 있습니다. 교육 관련 전공이어야 하며, 신청 조건과 절차는 시·도 교육청마다 다르므로 사전 확인이 필요합니다. 일정 기간 학업에 집중할 수 있다는 장점이 있으며, 경제적 부담과 경력 단절에 대한 고민이 필요하다는 단점이 있습니다.

- **대학원 파견**

근무지를 학교가 아닌 대학원으로 파견받는 것이므로 급여를 유지하면서도 학업에 전념할 수 있어 매우 매력적입니다. 다만 교육 경력, 근무 성적, 연수 이력, 포상 실적 등이 종합적으로 평가되며 선발 경쟁률이 높아서 저경력 교사는 도전이 쉽지 않을 수 있습니다.

세 가지 방법 모두 각자의 장단점이 있습니다. 가장 중요한 것은 선생님의 상황에 맞는 지속 가능한 선택입니다. 교사로서의 성장을 향한 도전을 응원합니다.

02

이가현

술래잡기

나는 도망치고 싶을 때도 있지만, 선생님이라서 계속 술래다.
언젠가 그 아이도 이 교실 안으로 들어오기를 바라며…
술래잡기, 다시 시작!

◆

　우리 반이 제일 기다리는 요일은 화요일과 금요일이다. 5학년은 이 운동장을 쓸 수 있는 날은 단 이틀이기 때문이다. 점심을 먹고 나서 우리 반 아이들은 늘 똑같은 놀이를 한다. 바로 술래잡기다.
　신이 나서 아이들과 함께 뛰던 나는, 어느새 화요일과 금요일마다 급식 시간부터 질문을 받기 시작했다.
　"선생님, 오늘은 술래잡기 안 해요?"
　처음엔 즐겁기만 했다. 그러나 어느 날부터인가 체력은 바닥났고, 업무와 개인 일로 지칠 때면 짜증이 났다.
　"선생님 바빠. 너희끼리 놀아."
　"선생님은 맨날 바쁘대…."
　술래잡기해 주는 선생님이 어디 있냐며 혼자 투덜거리다가도, 아이들과 눈이 마주치면 또 어느새 운동장에 나가 있다. 그리고 함께 뛰다가 지쳐 땅바닥에 앉아 쉬고 있으면, 평소 말 한마디 없던 남학생들이 다가와 선생님이 우리랑 같이 노니까 이상하다며 말을 건넨다. 그 아이들은 요즘 방과 후까지 남고싶다며 조르기도 한다. 그냥 나랑 수다 떠는 게 다인데 말이다.
　수학에 전혀 관심 없던 아이가 술래잡기 이후 나와 가까워지며,

방과 후에 남아 문제를 하나하나 풀어내려 애쓴다. 운동이 뭐라고, 뛰는 가슴 하나로 마음이 연결된 느낌이다. 도파민이 온몸을 돌고 나면 6교시 수업은 늘 집중력이 좋다. 모두가 기분이 좋고, 분위기도 부드럽다.

그런데 우리 반 모두가 체육 시간을 손꼽아 기다리는 줄 알았는데, 아니었다. 어느 날, 사회 시간을 체육으로 바꾸자 한 남학생이 눈물을 흘렸다. 그 아이는 사회를 좋아하고, 점심시간에도 운동장보다는 책이나 수다를 선택하는 아이였다.

나는 그 아이의 마음을 헤아리지 못했다. 또 다른 아이는, 술래잡기가 힘든지 게임 밖에서 교실 창가에 앉아 조용히 구경만 했다. 놀이를 위해 눈을 감으라고 해도 감지 않고, 애꿎은 필통만 괴롭혔다. 그래서 가끔은 나도 아이들과 함께 교실로 돌아와, 조용한 수다를 택하곤 한다. 그리고 술래잡기가 아닌 협동놀이를 준비하며 다양한 방식으로 함께할 방법을 찾는다.

놀이를 하다 보면 평소 몰랐던 아이의 모습이 드러난다. 예를 들어, 우리 반에는 눈치가 빠르고 성숙한 아이가 있는데 그 아이는 놀이가 매끄럽게 이어지도록 자연스레 조율하는 역할을 하곤 했다. 그래서 나는 그 아이를, 반에 아직 어울리지 못하던 다른 아이의 짝으로 앉혔다. 결국, 그 아이는 짝이 우리 반 아이들과 어울리게 도와주었다. 다만 짝이 그 아이에게 너무 의지하는 건 아닐까 싶어 따로 상담을 해봤지만, 그 아이는 오히려 자랑스럽게 말했다.

"선생님, 걔랑 많이 친해졌어요. 지금은 친구 같아요."

참 귀엽고, 기특한 말이었다. 우리 반 아이들은 언제나 누가 한 명 빠지면 허전해한다. 그 친구가 오면 '누구야~~ 안녕!'하고 온 반 아이들이 환호한다. 그런 모습을 볼 때마다 내 마음은 간질간질해진다.

사실, 나를 참 힘들게 했던 아이가 몇 주째 학교에 나오지 않았을 때 걱정이 되었다. 아이들도 그 친구를 불편하게 느낄까 봐, 혹시 오면 어색해하진 않을까 걱정했다. 그런데 오히려 아이들이 먼저 말했다.

"선생님, 걔 언제 와요? 보고 싶어요."

내 걱정을 무색하게 만드는 아이들의 따뜻함에 나는 또 배운다. 그 아이가 올 것만 같은 날, 나는 보물찾기를 준비했다. 오지 않았지만, 아이들은 또 하나가 되었다. 그리고 정말 다음날 그 아이가 왔을 때, 나는 야심 차게 준비한 협동놀이를 꺼냈다. 하지만 그 아이는 게임에 참여하지 않았다. 가정방문을 다녀왔지만 나는 그 아이를 붙잡고 또 아이는 도망친다. 내가 다가가면 그 아이는 또 도망간다…. 이게 술래잡기지, 뭐겠는가.

나는 도망치고 싶을 때도 있지만 선생님이라서 계속 술래다. 하지만 술래는, 결국 누군가를 꼭 잡아야 이기는 게임이다. 우리 반 아이들이 술래잡기로 하나가 되었던 것처럼, 그 아이도 언젠가 이 교실 안으로 들어오기를 바라며 술래잡기, 다시 시작!

NOTE

모두가 함께하는 교실을 위한 놀이 방법

• 어울리기 힘든 아이를 꼭 '술래'로 세워보세요

아이들 중엔 학급에 잘 어울리지 못하거나 스스로 물러서는 친구들이 있습니다. 이럴 땐 두세 명이 함께 술래가 되는 게임에서, 그 친구가 자연스럽게 포함되도록 유도해 보세요.

단, 너무 어렵거나 술래를 탓하게 되는 구조의 게임은 피하는 것이 좋아요. 놀랍게도, 그 아이가 어느새 웃으며 함께 뛰고, 게임을 통해 교실 중심에 들어오는 장면을 보게 될 수도 있습니다.

• 모두가 함께 이기는 경험을 주는 협동놀이를 준비해 보세요

승패가 명확한 놀이도 가끔은 좋지만, 지나친 경쟁은 놀이에 약한 아이들을 위축시키거나 속상하게 만들기도 합니다. 체육을 좋아하지 않거나 몸 쓰는 걸 어려워하는 아이들도 교실엔 꼭 있습니다. 그래서 저는 비가 오는 날엔 '뱀파이어 게임', 아이들이 다툰 날엔 쪽지를 찾아 문제를 푸는 협동놀이를 준비합니다.

　인디스쿨, 유튜브에 5분만 투자하다보면 아이들과 함께하는 40분이 훨씬 즐거워질 수 있습니다.

- **보드게임을 준비해 보세요**

　몸을 움직이는 활동이 어렵거나, 친구들과 어울리기 힘들어하는 아이 중엔 정적인 놀이에 강한 친구도 많습니다. 교실에 체스, 우노, 젠가, 루미큐브 같은 놀이를 마련해 두면 그 아이들이 자신의 능력을 보여주고, 친구들에게 인기 있는 아이가 되는 순간이 찾아올 수 있습니다. 이 작은 계기가 아이들의 사회성 성장에 큰 도움이 됩니다.

03

배주미

멈추지 않기로 했다

스스로를 틀에 가두지 않고 끝없이 나아가는 교사가 되기로 했다.
그 끝이 어디를 향해 갈지 기대 된다.

◆

"학교는 1년간의 일정이 반복되는 구조라 한 학기만 지나도 감이 온다."

이 말은 맞는 듯하면서도, 한편으로는 틀린 말이다.

학교의 전체적인 일정은 반복되지만, 매년 만나는 학생, 동료 교사, 학부모, 그리고 맡게 되는 업무는 매번 달라진다. 그래서 교사의 하루하루는 언제나 새롭고, 날마다 배움의 연속이다.

'이제는 알 것 같다'라는 순간에도 새로운 과제가 나타나고, '이 정도면 충분하겠지' 싶을 때도 여전히 부족함을 느낀다. 그래서 교사로 살아가는 삶은 끊임없이 배우고, 성장하며, 자신을 돌아보는 여정인 것 같다.

대표적인 예로, 초등학교 특성상 매년 저학년, 중학년, 고학년 중 어느 학년을 맡게 될지 모르는데, 이전에 맡아보지 않았던 학년의 담임교사로 배정되면 학기 초마다 걱정이 앞선다.

요즘의 나는 고학년 담임을 맡는 것이 조금 부담스럽게 느껴진다. 내가 해온 생활 지도가 고학년 학생에게 통하지 않을 것 같다는 불안감 때문이다. 마치 초임 시절 처음 담임교사를 맡았을 때처럼 해보지 않은 학년에 대한 막연한 불안감이 생기는 것은 어쩔 수 없는 것 같다.

나의 특성과 고학년 아이들의 특성이 잘 맞을지 모르겠다. 그럼에도 한 번쯤은 도전해 봐야 하지 않을까 하는 생각이 중요하다. 경험해 본 것과 해보지 않은 것은 큰 차이가 있다. 아무리 힘들고 버거웠던 경험이라 하더라도 그로 인해 배울 수 있는 것이 있다면 도전해 볼 가치가 있지 않은가. 도전의 순간마다 내가 얼마나 더 단단해지고 넓어질 수 있을지 기대도 된다.

나에게 변화가 필요하다고 느끼는 부분 중 하나는 다음과 같다.
요새의 나는 '바른말만 하는 사람'이 되었다는 것이다. 나를 보고 있는 50개의 눈이 내가 틀린 이야기를 하면 틀렸다는 것을 바로 잡아주려고 하기 때문이다. 그래서인지 학생들에게 틀린 정보를 전하지 않기 위해, 나도 모르게 점점 이성적인 사람이 되어갔다. 흔히 말하는 'T 성향(사고)인 사람'처럼 단호하고 논리적인 말투가 익숙해졌다.

하지만 어느 순간, 나의 말이 누군가의 감정을 배려하지 못한 채 흘러 나갈 때가 있다는 걸 깨달았다. 그래서 요즘은 '다정한 사람', '말에 온기를 담는 사람'이 되고 싶다는 생각을 자주 한다.

최근 읽은 책에서 각박한 세상 속에서도 인간미를 지키며 살아가는 사람들의 이야기를 보았다. '내가 행복해지려면 내 주변 사람이 행복해야 한다'라는 문장이 가슴에 깊이 남았다. 나는 누군가의 불행을 딛고 얻는 행복을 원하지 않는다. 함께 웃고, 함께 성장하며, 나와 내 곁의 사람들이 다 함께 행복해질 수 있도록 살고 싶다.

나의 학생들도 그런 가치관을 지닌 사람으로 자라나기를 바란다. 언제나 남을 이기는 것에만 초점을 맞추고, 내가 진 것은 억울하기만 하다고 생각하지 않으며 자신의 이익만을 쫓기보다는 주변을 배려하고, 돌아볼 줄 아는 따뜻한 사람으로 성장했으면 한다.

그런 아이들로 자라나게 하기 위해서는 무엇보다 교사인 내가 먼저 본보기가 되어야 함을 안다. 말보다 삶으로 보여주는 교사가 되기 위해 마음 깊이 그런 삶을 실천하며 살아가야 한다는 것을 늘 새기고 있어야겠다.

교사로 살아간다는 건 단순히 교실 안의 일만을 의미하지 않는다. 학교 안팎에서 경험을 통해 내 성격과 관심사가 변화하고, 미래 삶의 방향까지 확장되고 있음을 느낀다.

최근에는 보드게임 연구회, 운동 동아리 등 다양한 교사 모임에 참여하게 되었다. 그 안에서 열정을 가지고 살아가는 선생님들을 만나며 자극을 받고 있다. 나도 내가 진심으로 좋아하는 분야를 찾아 꾸준히 노력하고 싶다.

내가 무엇을 좋아하는지 돌아보면 예전부터 중국어 영어 등 같이 언어나 과학 분야에 관심이 많았다. 요즘은 독서에 대한 흥미도 커지고 있다. 그래서 언어 교육, 과학 교육, 독서 교육과 관련하여 더 공부하고 배우고 싶다. 그리고 후배 교사들이 모르는 내용을 알려주는 것도 좋아한다. 후배 교사들의 멘토가 되어주고 싶다고 생각한다.

무엇인가 뚜렷한 목표나 흥미가 있지는 않지만 내가 좋아하는 것이 무엇인지, 잘하는 것이 무엇인지 고민하다 보면 내가 원하는 방향으로 흘러가지 않을까.

그래서 올해는 진로에 대해 진지하게 고민해 보는 것을 목표로 삼았다. 아직은 현실에 안주하고 싶은 마음도 있지만, 다양한 연구회와 경험을 통해 내가 진정으로 몰입할 수 있는 분야를 찾아가려 한다. 멈추지 않고 계속 나아가는 삶을 살고 싶다.

예전의 나는 스스로 게으른 사람이라고 생각했다. 의미 없이 시간을 보내는 일이 많았고, 주어진 일은 늘 기한 가까이에 맞춰 처리하곤 했다. 하지만 일을 마무리하지 못한 채 쉬고 있다는 생각에 마음 한편이 늘 불편했다.

그러다 점차, 일을 미리 해두고 여유를 가지면 마음이 훨씬 편안해진다는 사실을 깨닫게 되었다. 계획을 세우고 하나씩 실천해 나갈 때 느껴지는 성취감이 얼마나 큰지도 알게 되었다. 그렇게 나는 점점 효율적이고 생산적인 것을 중요하게 여기는 사람으로 변화하고 있음을 느낀다.

이러한 긍정적인 변화를 바탕을 앞으로의 삶도 더 생산적이고 의미 있는 방향으로 나아가기를 바란다.

이제는 생각에만 머무르지 않고, 스스로 행동하는 삶을 살아가고자 한다.

나의 롤모델이 되어 주셨던 멋진 선생님들처럼 나 역시 누군가에게 롤모델이 될 수 있는 그런 멋진 사람이 되고 싶다. 건강한 몸과 마음을 지니고, 사랑을 받으며 그 사랑을 아낌없이 나눌 수 있는 교사로 따뜻한 사람으로 살아가고 싶다. 그리고 그런 내가 만들어 갈 '교사의 내일'이, 아이들과 나의 '더 나은 내일'로 이어지기를 진심으로 소망한다.

NOTE

아이들을 어떤 아이로 키우고 싶으신가요?

학생들과 함께 생활하다 보면 다양한 모습의 아이를 마주하게 됩니다. 그러다 보면 자연스럽게 '학생들이 어떤 아이로 자라나길 바라는가?'에 대한 교사로서 교육관이 생기게 됩니다. 저는 아이들이 자라며 꼭 지녔으면 하는 미덕으로 '사랑'과 '진실함'을 꼽고 싶습니다. 이 글에서는 제가 아이들에게 가치를 어떻게 교육하는지에 관해 이야기해 보고자 합니다.

- **미덕이 무엇을 뜻하는지 알려주세요**

어떤 가치를 단순히 사전적 정의로 알려주는 것만으로는 아이들이 그 의미를 온전히 받아들이기 어렵습니다. 대신, 해당 미덕이 실생활에서 어떤 행동으로 나타나는지 구체적인 예시를 들어 설명해 주세요.

예를 들어 '진실함'이라는 미덕은, '친구에게 빌린 지우개를 잃어버렸을 때, 사실대로 이야기하는 것'처럼 학생들이 쉽게 공감할 수 있는 상황을 통해 설명하는 것이 효과적입니다. 아이들의 눈높이에 맞춘 구체적인 행동 예시가 핵심입니다.

- **학생이 미덕의 새로운 정의를 만들 수 있도록 해주세요**

아이에게 그 미덕을 경험했던 순간이나 실생활에서 실천할 수 있는 구체적인 방법을 떠올리게 해 보세요. 그리고 그 경험을 바탕으로 아이 스스로 '미덕의 정의'를 만들어보게 합니다.

이렇게 모은 정의들로 우리 반만의 가치 사전을 만들면 아이는 가치를 머리가 아닌 마음과 행동으로 익히게 됩니다. 또한, 스스로 왜 이 미덕을 실천해야 하는지 생각해보며 내면화와 자기성찰의 기회도 얻게 됩니다.

• 실생활에서 실천하도록 도와주세요

단지 배우는 것에 그치지 않고, 아이들이 직접 행동으로 옮기며 느끼는 경험이 중요합니다. 예를 들어 '이번 주의 미덕'을 정하고, 그 미덕을 매일 실천해보는 활동을 운영해 보세요.

아침 활동 시간에 간단한 실천 사례를 나누거나, 일주일에 한 번씩 실천 일기를 써보는 것도 좋습니다. 아이들은 자신이 실천한 행동에 대해 칭찬을 받고, 그 경험을 통해 성취감과 긍정적인 자아 인식을 갖게 됩니다. 작은 실천이 모여 아이의 행동 습관과 인성까지도 서서히 변화시켜 줍니다.

아이들은 교사의 말과 행동, 그리고 지속적인 가치 교육 속에서 변화할 큰 가능성을 지닌 존재입니다. 내가 바라는 아이의 모습은 무엇인지, 어떤 가치와 태도를 중심으로 아이를 지도하고 싶은지를 끊임없이 고민하고 실천하는 것이 교사의 교육 철학이자 방향성이 되어야 한다고 생각합니다.

04

신수민

나는 투명색이 좋아요

연주를 마지막으로 만났던 날, 연주는 어른이 되어
누군가를 도와주는 일을 하고 싶다는 꿈을 들려 주었다.
친구의 일도 내 일인 것처럼 도와주고, 함께 웃고 울며
마음을 나누던 연주. 나는 지금 어딘가에서
연주가 꿈을 이뤘을 것이라 믿는다.

◆

여느 날과 같았던 토요일 오후. 다문화센터의 아이들은 옹기종기 모여 스마트폰 사용 규칙을 정하고 모형을 만드는 중이었다. 스무 명 남짓한 아이 중, 쉽사리 색칠을 시작하지 못하고 있는 연주에게 다가가 물었다.

"연주야, 고민되니? 좋아하는 색깔 색연필 골라 봐. 연주는 어떤 색깔 좋아해?"

"나는 투명색이 좋아요."

투명색이라니, 처음 들어보는 대답이었다.

"투명색? 연주는 왜 투명색이 좋아?"

우물쭈물하던 연주는 마지못해 대답했다.

"투명색은 안 보여서…."

자기 몸도, 옷도 투명색이면 좋겠다는 연주. 연주에게 세상은 너무나도 고달픈 곳이었다. 한국에 온 지 이제 2년. 우즈베키스탄에서 부모님을 따라 영문도 모른 채 한국에 와 예비학교와 다문화센터에 다니기 시작했다. 그새 한국어 실력이 눈에 띄게 늘었지만 수줍음이 많은 연주는 친구들과 어울리는 것을 어려워했다. 자유 놀이 시간에는 혼자 구석에 앉아 있었고, 수업 시간에는 조용히 할 일을 했다.

"연주 목소리 듣기가 참 어려워요."
"그러게요. 다른 아이들보다 시간이 오래 걸리네요."
멘토 선생님들은 모일 때마다 한목소리로 연주를 걱정했다.
 연주와 같은 중도 입국 학생은 한국에 대한 배경지식이 전혀 없는 채로 한국에 오는 경우가 많기에 새로운 환경에 적응하는 데 시간이 더 오래 걸리는 편이다. 그중에서도 연주는 유독 힘들어하고 있었다. 보호자의 협조가 절실한 상황이었지만 연주의 부모님은 연락조차 닿지 않는 경우가 많았다. 선생님들은 혼자 있는 연주에게 다가가 자주 말을 붙여 보았지만 대화가 이어지기는 쉽지 않았다.

 다문화센터에서 꽤 오래 일한 덕분에, 연주와 4년이나 함께할 수 있었다. 마지막으로 연주를 만났던 날, 연주는 청소년 공부방에서 동생에게 수학 문제를 설명하고 있었다. 연주는 키가 자란 것만큼이나, 아니 그 이상으로 성장해 있었다.
 항상 제시간에 센터에 도착하고, 선생님이 시키지 않은 일도 솔선수범해서 하며, 친구에게 먼저 다가가 말을 걸고 도와주는 아이. 이제 선생님들은 학생의 도움이 필요하면 연주부터 찾았고, 센터의 아이들도 연주를 믿고 의지했다. 몇 년 전에는 상상조차 할 수 없었던 모습이었다.

무엇이 연주를 이토록 성장할 수 있게 만들었을까? 많은 요인이 복합적으로 작용했을 것이지만, 그중 눈에 띄었던 몇 가지를 소개해 보고자 한다.

먼저 연주는 같은 나라 출신의 쌍둥이 동생들을 센터에서 만나며 말문을 트게 되었다. 동생들은 아직 한국어 실력이 연주보다 부족했기에 연주가 나서서 한국어 공부를 도와주기 시작했고, 자연스레 한국어로 대화하는 시간이 늘어났다.

또래 친구들과는 관심사를 공유하며 가까이 지냈다. 연주는 그림 그리기를 좋아해 선생님들은 연주가 그린 그림을 센터 게시판에 붙여두곤 했다. 그림을 본 친구들은 감탄하며 연주에게 다가가 그림 그리는 법을 물어보곤 했고, 연주가 그린 캐릭터에 관해 함께 이야기를 나누기도 했다.

자신감을 얻은 연주는 센터의 합창 수업에도 적극적으로 참여하기 시작했다. 노래할 때 연주의 목소리가 참 맑고 예쁘다는 걸 그때쯤 처음 알게 되었다. 아직 서툰 한국어 발음 때문에 위축될 수도 있는 상황이었지만 연주는 마음을 연 후 수십 명의 합창 단원들 속에서도 또렷이 자신의 목소리를 냈다. 푹푹 찌는 더위에도, 손발이 어는 추위에도 센터에 나와 연습했던 "아름다운 나라"를 정기 공연에서 노래했던 순간의 감동은 잊을 수가 없다.

연주를 마지막으로 만났던 날, 연주는 어른이 되어 누군가를 도와주는 일을 하고 싶다는 꿈을 들려 주었다. 친구의 일도 내 일인 것처럼 도와주고, 함께 웃고 울며 마음을 나누던 연주. 나는 지금 어딘가에서 연주가 꿈을 이뤘을 것이라 믿는다.

NOTE

아이들은 자라고 있어요

다문화가정 아이들의 상황은 너무나도 제각각입니다. '다문화가정'이라는 말로 정의하고 한정 짓기는 어렵지요. 행복하게 자신의 꿈을 펼치고 사는 아이들도 있고, 각자의 사정으로 인해 어려움을 겪는 아이도 있습니다. 여기서는 어려움을 겪는 중도 입국 학생에 관하여 말씀드리려 합니다.

중도 입국 학생은 한국어 의사소통에 어려움을 겪는 경우가 많지만, 한국어 실력이 늘면서 자연스럽게 자신감을 얻고 한국 생활에 적응하는 아이들이 많습니다. 학생의 학년이 높아 교과 수업을 따라가기 어려운 경우 한국어 교실, 다문화 수업 지원 프로그램 등을 활용하시는 방법을 추천해 드립니다. 학교 밖에서도 학생이 공부할 수 있도록 지역

사회, 대학생 멘토링 프로그램 등을 찾아 연계해 줄 수도 있습니다. 이러한 정보는 공람함에서 찾을 수 있습니다.

 학생이 센터에 다닌다고 하면 다문화센터인 만큼 잘 지내고 있을 것이라 믿고 싶지만, 교우 관계에 관해서는 꾸준히 지켜보시는 것이 좋습니다. 여러 나라에서 여러 배경을 가진 아이들이 온 만큼 센터에서의 삶은 더욱 행복하기도 하지만 더욱 치열할 때도 있습니다. 어느 정도는 아이를 믿고 맡기는 것이 좋으나 위험한 일이 생기지 않도록 살필 필요는 있습니다. 센터는 특성상 선생님들이 자주 바뀌는 경우가 있어 성향에 따라 불안함을 크게 느끼는 아이도 있습니다. 학생이 센터에 다니기 시작했다면 정서적 변화가 있는지도 들여다보는 것이 좋습니다.

 이 이야기에서 나눈 연주의 사례처럼 아이가 극적으로 성장하지는 않을 수도 있지만, 아이들은 우리가 눈치채지 못한 사이 서서히 자라고 있습니다. 함께 지내다 보면 '언제 이렇게 컸지?' 하고 흐뭇하게 아이를 바라보는 순간이 옵니다.

05

오다빈

겪어보지 못한 슬픔을 위로하는 법

늘 웃던 아이가 울면서 교실로 들어선 순간, 마음이 먹먹했다.
나는 그저 진심이 전해지는 위로를 건네고 싶었다.

◆

　우리 반에 특별한 아이가 있었다. 1인 1역할을 실천하기 위해 매일 아침 다른 친구들보다 5분 일찍 등교하는 아이, 지후였다. 비가 오는 날에도, 햇볕이 쨍쨍 내리쬐는 날에도 항상 웃는 얼굴로 교실에 들어와 세상 밝은 표정으로 아침 인사를 건네어 보는 사람까지도 미소 짓게 만드는 아이였다.

　어느 날, 내가 급한 출장으로 퇴근 전에 교실을 제대로 정리하지 못하고 돌아온 적이 있었다. 다음 날 아침, 아이들보다 더 일찍 도착해야겠다는 생각에 부랴부랴 등교했는데, 도착해 보니 교실 불이 이미 켜져 있었다. 놀란 마음에 살짝 열린 문틈으로 들여다보니, 그곳에는 지후가 앉아 책을 읽고 있었다.

　"지후야! 왜 이렇게 일찍 왔어?"

　아이는 갑자기 들려온 소리에 깜짝 놀라면서도, 쑥스러운 듯 말했다.

　"선생님, 다른 선생님이 문 열어주셔서 먼저 들어왔어요. 그래서 제가 교실 정리 좀 했어요."

　지후의 말을 듣고 교실을 찬찬히 둘러보았다. 먼저 눈에 띄는 것은 칠판이었다. 지후가 먼저 교실에 와서 칠판에 붙어있는 친구들의 작품을 다 떼어놓고 교탁 옆에 가지런히 놓아둔 것이다.

그뿐만 아니라 내가 늘 교실에 붙여둔 아침 활동 순서 그대로 자석 스티커를 붙여두었다. 내가 어제 미처 치우지 못한 교실의 쓰레기를 모아 버리고, 심지어는 교실 책장까지 정리한 후 앉아서 책을 읽고 있는 것이다. 나는 너무 놀라 그 아이의 이름을 다시 한번 불렀다.

"지후야! 교실 정리, 지후가 혼자 다 한 거야? 대단하다. 지후 덕분에 선생님이 행복한 하루를 시작할 수 있네. 고마워."

지후는 칭찬이 듣기 좋았는지 계속 교실 치우는 시늉을 했다. 이런 식으로 지후는 매일 아침 나에게 소소한 이벤트를 가져다주었다. 자신이 태권도 대회에 나가서 딴 메달을 가져오기도 하고, 어제 다녀온 동네 맛집을 소개해 주기도 했다. 항상 자신의 행복한 일상을 나눠주어 나도 아침마다 지후의 이야기를 듣는 게 기대가 되었다.

그러던 어느 날, 지후가 아침 일찍 교실 문을 활짝 열더니 울먹이면서 나를 불렀다. 내가 깜짝 놀라 대답하니 지후가 나를 부르며 울음을 터뜨렸다. 그 짧은 기간 동안 나는 오만 생각이 다 들었던 거 같다. 지후가 조금 진정한 뒤 여전히 울먹거리며 천천히 말을 이어 나갔다.

"선생님 콩이가 무지개…. 흑흑 다리를… 흐아아앙 건넜 끄읍 어요…."

콩이는 지후가 기르는 강아지 이름이다. 지후가 평소에도 콩이 이야기를 자주 해주었기에 그 슬픔이 얼마나 큰지 짐작조차 되지 않았다.

나는 반려동물에 아무런 관심도 없고, 길러본 경험조차 없었기에 그 마음을 어떻게 헤아려서 위로를 해줘야 할지 몰랐다. '어떻게 하면 이 아이의 마음에 조금이라도 닿을 수 있을까?' 내가 할 수 있는 게 무엇일지, 머릿속이 복잡해졌다. 그 순간 떠오른 건, 단 하나였다. 지금 이 아이는 말보다 마음을 원한다는 것. 나는 떨리는 마음으로 말을 꺼냈다.

"지후야… 주말 동안 정말 힘들었겠다. 마음이 많이 아프지…."

지후는 울면서 말을 이어 나갔다.

"아침에 일어나서 밥을 주려고 갔는데, 콩이가… 숨을 안 쉬고 있었어요."

너무 어린아이가 마주한 첫 이별. 그 아픔 앞에서 나 역시 목이 메어왔다. 그래서 조심스레 말했다. "그래도 콩이는 지후를 가족으로 만날 수 있어서 정말 행복했을 거야. 지후랑 함께한 시간, 콩이도 평생 기억할 거야." 그 말을 들은 지후는 조용히 고개를 끄덕였고, 나는 그 아이가 감정을 가라앉힐 수 있도록 조용히 곁을 지켰다.

그날 오후, 문득 SNS에서 본 만화가 떠올랐다. 반려동물의 시선으로 그려진 위로의 이야기. 나는 그중 한 장면을 찾아 인쇄해 지후의 일기장에 붙여주었다. 그리고 짧게 코멘트를 남겼다.

'콩이도 더 이상 지후가 울지 않고, 콩이와의 기억을 웃으며 떠올려주길 바랄 거야.' 일기장을 건네받은 지후는 조용히 말했다.
"콩이도 하늘나라에서 행복했으면 좋겠어요."

그 말이 얼마나 울림 있게 다가왔는지 모른다. 아이의 슬픔 앞에서 완벽한 위로를 해줄 수는 없지만 진심으로 마음을 다해 다가가려는 마음은 분명 전해진다. 아이의 상실을 이해하지 못한 채 넘어갈 수도 있었던 순간이지만 그 아이의 마음에 조금이나마 닿기 위해 나 역시 배우고 있었다. 교사는 모든 것을 알고 있어야 하는 사람이 아니라 함께 느끼고, 함께 마음을 기울이는 사람이어야 한다는 것을 지후를 통해 다시 배웠다.

NOTE

교실 속 작은 역할의 힘

아이들의 책임감을 길러주는 가장 좋은 방법 중, 하나는 아이들에게 역할을 부여하는 것입니다. 아이들이 수동적으로 학교에 다니는 것이 아니라, 교실에서 아이들이 스스로 필요한 역할이 무엇인지, 자신이 잘할 수 있는 역할은 무엇인지 생각해 보는 것이 중요합니다.

이 과정에서 아이들은 자신들이 만든 1인 1역할을 실천하면서 능동적으로 학교생활에 임할 수 있습니다. 제가 교실에서 1인 1역할을 정하는 방법을 간단히 소개하겠습니다.

• 〈1단계〉 교실에 필요한 역할이 무엇인지 생각하기

3월 한 달 동안 함께 지내면서 어떤 역할이 있으면 좋을지 아이들이 충분히 고민할 수 있도록 일주일 정도의 시간을 줍니다.

• 〈2단계〉 1인 1역할 지원서 작성하기

교실에 필요한 역할을 아이들 수보다 조금 더 많게 정한 다음, 가장 하고 싶은 역할을 2개 골라서 1인 1역할 지원서를 작성합니다. 이때 자신이 그 역할을 맡았을 때 교실에 어떤 도움을 줄 수 있는지를 고민해서 작성하도록 합니다. (한글을 어려워하는 저학년의 경우는 어떤 역할을 하고 싶은지만 생각하도록 합니다.)

• 〈3단계〉 역할 투표하기

작성한 1인 1역할 지원서를 토대로 학급 임원을 선출하듯이 1인 1역할을 선출합니다. 이때 단순 가위바위보가 아닌 자신이 적은 지원서에 따라 친구들이 투표해서 역할이 정해지기 때문에 이 과정에서 아이들은 조금 더 책임감을 가질 수 있습니다.

06

김보현

같은 교실, 두 개의 시선

학교에는 다양한 역할이 존재한다.
서로 불편하기도, 어색하기도 하다.
하지만 돌아보니 우리는 모두 같은 마음으로 아이 곁에 서 있다.

◆

"선생님, 또 뵙네요~"

"네, 올해도 특수 통합 반을 맡게 되었네요."

아직은 찬 기운이 만연한 2월 말, 우리 학교 특수 선생님과 다시 만났다. 작년에 이어 또 한 번 특수 통합반을 맡았고, 해당 학생에 대해 설명해 주시러 우리 반에 오셨다.

"가영이는 작년 도영이보다 훨씬 힘들 거예요. 자폐 학생인데 소통도 힘들고 학습은 거의 안 됩니다. 그래서 학교 공익 선생님 지원 대신 활동 보조 선생님이 배정되어서 거의 하루 종일 옆에서 도와주신대요."

"정말요? 그러면 다행이네요. 가영이도 저도 훨씬 수월하겠어요."

"그런데 다행이라고 하기에도 좀 그런 게…. 활동 보조 선생님이 고모예요. 가영이 태어날 때부터 같이 살고 있는 고모. 엄마는 동생들 돌보고, 사실상 고모가 가영이한테는 엄마인 셈이죠…."

순간 난 말을 잃었다.

엄마 같은 고모가 우리 반에 들어온다. 잠깐이 아니라 1년 내내, 수업 시간, 쉬는 시간 할 것 없이 하루 종일.

학생들과 소통하는 교실이라는 공간을 누군가에게 완전히 오픈

하는 것은 정말 쉽지 않은 일이다. 1년에 한 번 있는 공개수업을 준비하기 위해 몇 주 전부터 수업을 짜고, 학생들과 연습(?)하는 이유도 그렇다. 그런데 한두 교시 들어오는 것도 아니고 하루 종일 일년 내내 함께하다니. 내가 아이들에게 혼을 내고 지도하는 모든 과정을 '학부모'가 지켜보는 게 아닌가. 아직은 저경력인 내게 너무 긴장되고 부담되는 상황이었다.

어찌저찌 새로운 학생들과 가영이 그리고 학부모와 함께하는 어색하고 미묘한 교실이 시작되었다. 평소에 장난 많고 재미있게 학생들을 대하는 선생님이었던 나는 학생들에게 하는 말 한마디 한마디가 더 신중해지고 조심스러웠다. 또, 혼을 내야 하는 상황에서도 괜히 주춤하고 걱정되었다. 내가 하는 모든 말이 교육이 될지, 평가가 될지 스트레스받던 날들이었다.

"가영이 짝꿍이 가영이를 불편해하는 것 같아요. 혹시 자리는 언제 바꾸나요?"

"가영이도 다른 친구들처럼 똑같이 혼내주세요. 그래야 다른 친구들도 가영이를 다르게 생각하지 않을 것 같아요."

'선생님'이 아닌 '엄마'에게 받는 피드백은 내가 견뎌야 할 것들이었다.

한번은 급식을 먹고 올라오는 데 우리 반 학생이 헐레벌떡 뛰어

와서는 나를 불렀다.

"선생님! 신우가 다쳤어요!"

놀란 마음에 달려가 보니 신우는 왼쪽 눈을 부여잡고 있고, 다른 남학생이 길쭉한 플라스틱 빨대 블록을 손에 쥐고 있었다. 그 장면만 봐도 무슨 상황인지 다 보였다. 남자아이들끼리 빨대 블록으로 무기를 만들어 휘두르며 놀고 있었을 것이다. 그 와중에 신우의 왼쪽 눈을 찔렀을 것이다. 신우의 눈은 빨갛게 충혈되어 있었다. 다른 피부도 아니고 눈이라니….

"선생님이 빨대 블록을 친구들 앞에서 휘두르지 말라고 이야기했지! 지금 몇 번째 반복해서 이야기하니! 신우 눈을 크게 다쳤으면 어떡하려고 그러니!"

신우는 바로 조퇴 후 부모님과 함께 병원에 갔고 남은 학생들과 나는 오후 수업을 마무리했다. 다행히 별일 없이 끝났지만, 나는 그날 마음이 너무 불편했다. 교사인 나의 시선에서는 내가 밥 먹는 잠깐 동안 벌어진 사고였다.

하지만 학부모의 시선에서는 교사가 밥을 여유롭게 천천히 먹느라 교실을 등한시하였고, 그래서 장난감에 눈이 찔리는 무시무시한 사고가 발생한 것이다. 그리고 교사는 사고를 낸 학생들에게 고래고래 화를 내었다. 이 모든 과정을 학부모가 봤다는 생각이 드니 정말이지 창피하고 두려웠다. 나는 '선생님'이 아닌 '엄마'가 함께 있는 교실에서 살고 있었다.

그렇게 교사로서의 자율성과 교실 운영에 대한 고민을 안고 서너 달이 흐른 어느 날이었다. 그날도 점심을 먹고 올라오는데 복도 끝에서부터 가영이가 자지러지게 우는 소리가 들렸다. 놀래서 달려가 보니 가영이가 눈물 범벅이 된 상태로 온몸으로 모든 것을 거부하며 울고 있었다.

옆에서 고모가 어쩔 줄 몰라 하며 달래고 있었다. 자초지종을 들어보니, 가영이와 고모가 양치실에서 양치하고 있는데, 가영이가 약간 토를 하였고 옆에 있던 몇몇 아이들이 가영이를 따라 하며 놀린 것이다.

"으악! 아니야! 아니야! 아니야! 오지 마! 으아악!"

울부짖으며 소리치는 가영이의 모습을 보니 참 안타깝고 마음이 쓰렸다. 어린 가영이가 느꼈을 모멸감을 생각하며 나는 가영이를 위로하였다.

"괜찮니? 많이 속상했지. 선생님이 놀린 친구들 다 혼내줄 거야~"

가영이 등을 쓰다듬으며 진정시키려고 하는 그때, 옆에서 또 다른 훌쩍이는 소리가 들렸다. 고모가 얼굴을 팔에 묻고 울음을 삼키고 있었다.

그때 나는 느꼈다. 지금 이 순간에 나와 그녀는 교사도, 고모도, 학부모도 아니었다. 그저 한 인간으로서 서로를 공감하고 있었다.

서로의 고됨과 지침이 인간 대 인간으로 연결되어 있었다. 우리가 가영이를 바라보는 시선은 그렇게 다르지 않았다. 그때 나의 눈에 작은 눈물이 고였고 내 교직생활 전체에서 학교에서 눈물을 보인 첫 순간이었다.

한번은 활동보조 선생님께 이렇게 여쭤본 적이 있었다.

"사실 가영이 옆에서 선생님께서 너무 잘 도와주셔서… 제가 어디까지 어떻게 가영이를 지도해야 할지 잘 모르겠어요. 혹시 제게 더 바라시는 점이나 그런 것이 있을까요?"

고모의 대답을 기다리면서 나는 은근히 긴장했다. 돌려 물었지만, 사실 내 태도에 대한 피드백을 받는 물음이었으니.

"아휴, 아니요. 전혀 없습니다. 지금도 너무 잘 해주셔서 감사해요. 늘 배려해 주시고 신경 써주셔서 저는 더할 나위 없이 감사합니다."

교실은 선생님 혼자 만드는 공간이 아니다. 누군가는 보호자로, 누군가는 친구로, 누군가는 함께 눈물을 보이는 사람으로 함께 교실을 만들고 있다. 나는 내가 이 교실의 우두머리이고, 나 혼자 이 교실을 끌고 가야 한다고 생각했다. 하지만 교실은 우리 모두의 교실이었다. 이제 나는 앞으로 '어떻게 보일까'보다 '어떻게 함께할까'를 먼저 고민하려고 한다.

NOTE

'감정판' 활용하기

아이들에게 '활동 어땠나요?' 혹은 '이 이야기를 듣고 나니 어떤 기분이 드나요?' 등의 질문을 하면 하나같이 돌아오는 대답은 '재미있어요.' 혹은 '즐거웠어요'가 전부입니다. 아이들의 마음속에는 분명히 더 다채로운 감정들이 피어나고 있을 텐데, 그 감정을 매일 똑같은 단어로 표현하는 것이 안타까웠습니다. 그래서 저는 학급에 '감정판'을 구비하여 요긴하게 사용하고 있습니다.

• 매주 일기 쓸 때!

저는 일기 쓸 때에 감정판에서 감정 두 가지 이상을 골라 포함하도록 합니다. 이때 '즐겁다', '재미있다', '슬프다', '신나다'는 제외하고요! 늘 사용하던 표현을 빼고 감정을 고르다 보면 '흐뭇하다', '조마조마하다', '당황하다' 등 사용할 수 있는 표현이 참 많다는 것을 깨닫습니다.

• 수업 중 발표할 때!

특히 국어 교과서 활동의 많은 부분은 자신의 생각이나 느낌을 이야기하는 것입니다. 이때 감정판에서 감정을 골라 발표하도록 하면 아이들은 부담 없이 발표할 수 있고 발표 내용 또한 훨씬 더 풍성해진답니다.

• 학생 상담할 때!

교우 관계, 가족 관계에 대한 이야기를 할 때 아직 어린 학생들의 경우 그 미묘한 감정을 표현하기 힘들어합니다. 그래서 그냥 '괜찮아요' 혹은 '힘들어요' 정도로만 이야기할 수밖에 없는 상황도 있지요. 이때 '감정판에서 지금 기분을 골라서 이야기해 보렴'처럼 감정판을 활용한다면 아이들의 마음속 이야기에 더 귀 기울일 수 있습니다.

07

황상우

주머니 속의 송곳

학급에는 하나부터 열까지 다른 아이들로 가득하다.
교사라는 직업은 그들 개개인의 송곳을 발견하고
주머니를 찢을 수 있도록 돕는 직업이다.

◆

"초등교사는 대학교수와 정반대의 직업입니다. 여러 분야에서 두루두루 '얕은' 지식을 갖추고 있어야 해요."

교육대학을 다니던 시절, 한 교수님께서 이런 말씀을 하신 적이 있다. 나는 이 말에 전적으로 동의한다. 대학 교수뿐만 아니라 중·고등학교 교사 역시 자신의 전공과목을 깊게 파고 전문성을 확립해야 한다.

하지만 초등교사는 다르다. 국어, 수학, 사회, 과학, 영어 등의 주요 과목에 더해 음악, 미술, 체육, 도덕, 실과 등의 예체능 및 실용 과목까지 고루 알고 있어야 한다(때론 아는 척이라도 해야 한다).

"네 재능과 끼를 생각했을 때 초등교사가 딱 잘 어울린다(단, 성격은 빼고)."

나는 위와 같은 말을 자주 들어왔다. 스스로 생각했을 때, 나는 어느 한 분야에서 크게 두각을 나타내지는 않지만, 그렇다고 특출나게 못 하는 것도 없었다. 여러 가지 상식이 많고 학업적인 능력도 상위권, 예체능 능력도 상위권, 지식을 실생활에 적용하는 능력도 상위권이었다.

그리고 사람은 원래 끼리끼리라고 했던가. 학창 시절 내 주변에는 대부분 나와 비슷한 친구들이 많았고, 나는 나와 친구들의 그러한 능력이 사람이라면 모름지기 갖추어야 할 당연한 것으로 생각해 왔다.

이러한 편협한 고정관념을 가진 채, 초등교사가 되어 나는 자연스럽게 내가 맡은 아이들 역시 그러하리라 예상했다. 국어면 국어, 수학이면 수학. 이렇게 모든 분야에서 골고루 두각을 나타낼 줄 알았다. 하지만 앞서 '편협한 고정관념'이라 언급한 바와 같이 이는 보기 좋게 내 예상을 빗나갔다.

논설문 작성을 시작하지도 못하는 아이, 최소공배수의 개념을 계속해서 이해하지 못하는 아이, 계 이름을 몰라 악보를 읽지 못하는 아이 등, 초등학생들의 능력은 내 기대 이하였고 나는 깊은 고민에 빠졌다.

당연하게도 흥미와 적성은 비례관계일 수밖에 없다. 수학적 능력이 기준을 넘지 못한다면 수학 과목에 대한 흥미가 떨어져 종국에는 '수포자(수학 포기자)'가 될 가능성이 높다. 이렇게 한 번 실패를 겪은 아이들은 패배감과 무기력함에 빠져 전체적인 학습 참여에서 도태되는 예도 있다.

나는 스물두 명의 담임으로서 모든 아이를 성공의 길로 끌어 나가고 싶었다. 그러다 한 가지 해결책을 발견했다. 우리 반에 기초학습 능력이 상당히 부족한 아이(오군)가 있다.

고학년임에도 불구하고 오군은 글을 읽고 쓰는 것, 그리고 기초 구구단에서 큰 어려움을 겪기에 거의 모든 과목에서 참여를 힘들어 한다. 학부모님께도 지원을 요청드려 보았지만, 가정의 사정으로 인해 큰 도움이 되지 못하는 실정이다.

장래 희망을 물어봐도 연신 없다, 혹은 생각 중이라는 대답만 돌아왔다. 그렇게 대부분의 수업에서 무기력을 겪는 오군이 유일하게 눈이 반짝이는 때가 있다. 바로 미술 시간이다. 그는 만들기와 그리기에 천부적인 소질을 보였다. 수학 시간에 풀라는 문제는 안 풀고 낙서만 하던 이유가 있었던가. 모든 아이들이 미술 활동만 하면 오군의 책상으로 몰려든다. 이번엔 얼마나 대단한 작품을 만들었는지 구경하기 위해서다.

그렇게 몇 개월의 시간이 흘러 현재는 오군과 대화하며 미술에 재능이 탁월하니 진로 계획의 방향성을 그쪽으로 잡는 것이 어떠냐고 제안할 정도이다. 여기서 중요한 것은 단순히 미술을 잘한다는 데 그치는 게 아니다. 미술 시간처럼 수학 시간에도 익힘책을 열심히 풀어보자고 제안했고, 오군은 고개를 끄덕였다.

한 번이라도 성공 경험을 맛보게 되면 내가 잘 하지 못하는 다른 과목, 활동에도 조금씩 참여하게 되고 점차 성공이라는 감정에 스며들어 차근차근 무기력감에서 벗어날 수 있을 것이다. 주머니 속에 들어있던 송곳이 주머니를 찢고 빛을 보는 순간이다.

어떻게 모든 아이가 모든 과목을 두루 잘하겠는가. 나의 학생들은 말 그대로 초등학생이다. 아직 지식과 배움의 수준이 얕기에 초등 교육과정을 수료하는 것이고 이를 훌륭하게 수행하게 하는 것이 바로 담임교사의 역할이지 않을까 생각한다. 모든 게 다 어렵다고 투정 부릴 때는 그 아이의 강점을 찾아 주어야 한다.

열심히 주머니를 뒤지다 보면 결국 학생마다 품고 있는 송곳이 눈에 들어올 것이고, 그 송곳으로 주머니를 찢고 나오는 걸 도와준다면 교사와 학생 모두 말로 형용할 수 없는 성취감과 행복감이 밀려올 것이라 믿어 의심치 않는다.

NOTE

- **학생들의 송곳, 즉 강점을 찾아 주세요!**

이 세상에 모든 것을 다 못하는 학생은 없습니다. 정말 잘하는 게 없어 보이는 학생도 그 나름만의 강점이 있습니다. 어떤 학생은 친구들과 어울리며 시끄럽게 자신의 강점을 표출하는 한편, 또 다른 학생은 자신이 잘하고 좋아하는 것을 조용히 혼자 하기도 합니다.

따라서 교사는 아침 활동 시간, 쉬는 시간, 점심시간에 교실을 관찰할 필요가 있습니다. 쉬는 시간에도 순회 지도를 하며 학생이 하는 활동에 대해 질문하고 대화하며 송곳을 발견해 보세요.

- **학생들이 주머니를 찢고 나올 수 있게 도와주세요!**

칭찬은 고래도 춤추게 한다는 속담이 있습니다. 학생은 자신의 특기, 흥미를 알아봐 준 교사에게 신나서 알고 있는 모든 내용을 떠들 것입니다. 이때 진심 어린 칭찬을 해주세요. 교사도 기억하지 못하는 작은 칭찬을 학생들은 단어 하나하나 곱씹어가며 되새기고 다시 한번 칭찬을 받기 위해 노력할 것입니다.

그렇게 쌓인 칭찬은 학생의 강점을 더욱 발전시키고 교사와의 라포를 형성하여 수업 참여 태도를 눈에 띄게 향상시킬 것입니다.

학생이 자신을 가두는 무기력한 주머니를 찢고 나오는 것만큼 교사에게 보람된 일이 있을까요?

08

염덕원

선생님, 저도 수업 자주 망해요

가장 작은 것들이 네 마음속 공간을 가장 크게 차지하기도 해.

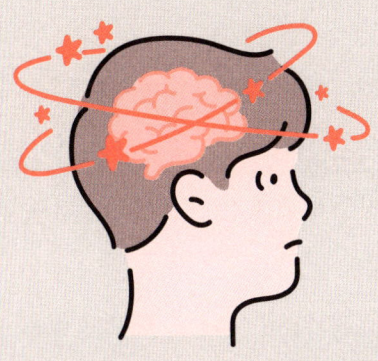

◆

　학생이 졸업하더라도 교사는 졸업하지 않는다. 해마다 새로운 아이들이 처음 배우는 것들을, 교사는 이미 여러 차례 가르쳤던 방식으로 다시 설명한다. 교직 생활은 해가 갈수록 익숙한 흐름의 반복이고, 설렘보다는 매너리즘에 가까운 감정이 스며들기도 한다. 늘 새롭고 특별한 하루를 꿈꾸던 나에게, 이 반복은 때때로 두려움으로 다가왔다. 그러나 두려움을 깨고 새로운 수업으로 나아가는건 정말 힘든 일이었다.

　교생 실습 시절 남들과는 다른 수업을 하고 싶어서 야심 차게 준비했던 수업이 완전히 망한 적이 있다. 설명과 활동은 난해하고 명확하지 않았고 아이들은 집중하지 않았다. 수업이 끝난 후 멘토 선생님과의 피드백에서 슬프게 앉아 있는 나를 보며 멘토 선생님이 내게 말했다.

　"선생님 괜찮아요. 저도 수업 자주 망해요."

　수업 연구 활동도 많이 하시고 유능하신 분이셨기에 그 말은 의외였다. 어쩌면 자주 실패해 본 사람이라서 더 유능하신 게 아닐까 하는 생각이 들었다.

　시간이 흐르고 교사가 된 내게 또 해보고 싶은 수업 아이디어가 생겼다. 예능 프로그램에서 보았던 게임을 곧 수업하게 되는 주제에 접목해서 수업 놀이로 도입해 보고 싶었다. 얼마나 즐겁게 수업을 진행할 수 있을까 하면서 마음이 설렜다.

하지만 교실은 촬영장이 아니고, 학생들은 출연자가 아니었다. 활동을 진행하려면 학생 수준에 맞춘 설명, 학생 간 갈등을 피하기 위한 구조설계, 예기치 못한 상황에 대한 대처까지 모두 교사가 준비해야 했다. 완벽하게 시작하려면 가벼운 마음으로는 감당할 수 없는 준비와 계획이 필요했다.

반면 해당 주제에 이미 해봐서 검증된 수업도 있었다. 수많은 기존 수업 사례와 예상할 수 있는 흐름과 익숙한 설명, 매끄러운 정리에 잘 만들어진 자료까지 다 있었다. 손이 덜 가고 실패할 확률도 낮았다.

하지만 그런 수업은 다음 날을 기대하게 만들지도, 결과를 궁금하게 만들지도 않았다. 설렘 없이 익숙한 수업만 반복하는 매너리즘에 대한 두려움과, 새로운 수업의 실패에 대한 두려움 사이에서 선택해야했다.

그때, 이전에 들었던 '저도 수업 자주 망해요'라는 말이 생각났다. 성공하지 않아도 괜찮다는 전제가 생기자 시도해 볼 용기가 생겼다. 엉성하고 조잡했으나 내 맘에 쏙 들었던 수업 놀이를 일단 시작해 보기로 했다.

처음엔 딱 예상했던 만큼 망했다. 활동의 흐름은 어설펐고, 학생들은 중간에 지루해하거나 규칙을 혼동했다. 활동이 끝나고 학생들과 간단한 피드백 설문을 진행했다. 덕분에 혼자 고민할 때와는 달리 구체적인 경험 데이터가 쌓였고, 그 데이터를 바탕으로 활동을 개선했다.

그 개선과정을 거듭하며 두 번째 수업을 진행했고, 그 후 진행한 세 번째 수업 때, 마침내 내가 이 활동에서 목표로 했던 모든 학생의 활동 규칙 이해, 학습 목표 실현, 재미를 모두 실현했고 웃으며 수업을 마칠 수 있었다. 몇 번 망했지만, 결국 내가 꿈꾸었던 수업은 현실이 되었다. 그 후 오히려 그 활동을 또 하자는 아이들의 요청을 달래야 했다.

매주 20시간 이상의 수업을 준비해야 하는 상황에 효율만 따진다면 교과서와 검증된 자료만으로도 하루를 채울 수 있다. 하지만 그런 수업이 나를 웃게 하거나, 오래도록 설레게 하지는 않는다. 매 수업이 새로울 필요는 없지만, 그렇다고 매 수업이 반복되어야 할 필요도 없다.

"가장 작은 것들이 네 마음속 공간을 가장 크게 차지하기도 해."

『곰돌이 푸』에서 등장하는 대사다. 내 마음을 설레게 하고 한참 준비하게 하는 수업이 차지하는 시간은 아주 작지만 내 마음에 그런 수업이 가득 차 있다면 내일을 기대하며 웃을 수 있다.

수업이 엉망이 될 수도 있고 아이들이 잘 따라오지 않을 수도 있다. 그래도 내일도 수업을 해보고 학생들이 내보내는 신선한 반응 과정을 보고 싶다는 마음이 남아있기를 바란다. 그리고 어쩌면, 그 망한 수업 하나가 언젠가 누군가에게 "저도 수업 자주 망해요"라고 말해줄 수 있는 힘이 될지도 모른다.

> **NOTE**
>
> ### 맛보기판
>
> 마피아 게임을 해 보려다 설명만 하다가 수업이 끝난 적 있으신가요? 활동은 말보다 경험이 먼저일 때가 많습니다. 활동의 설명에 너무 애쓰지 마시고, 간단하게 규칙 설명 후 3~5분 짜리 '맛보기판'을 해 보세요. 대충이라도 해 보거나 하는 걸 보면 훨씬 이해가 빨라집니다.
>
> ### 수업 아이디어를 얻는 곳
>
> 새로운 수업 아이디어를 얻고 싶으신가요? 행복하게 학교 밖 삶을 살아가다 보면 불현듯 아이디어가 찾아오기도

하지만, 더 간단하게 아이디어를 얻을 수 있는 곳을 추천해 드릴게요.

• 온라인 연수 플랫폼(지식샘터)

KERIS에서 운영하는 실시간 무료연수 플랫폼입니다. 디지털 교육에 대해 수많은 강사님이 연수를 진행하고, 수강료가 전부 무료라는 점이 큰 장점입니다.

• 교사 커뮤니티 사이트(인디스쿨)

가장 큰 초등교사 커뮤니티로, 수많은 선생님께서 직접 만든 교육자료를 올리고, 일상을 나누는 공간입니다.

• 교육박람회

교구 개발 기업, 교육 관련 기업, 교사 연구회 등 박람회의 목적에 따라 참여단체가 다양하고, 평소 못 쓰는 교구를 체험하거나 교육과 관련된 다양한 정보를 볼 수 있습니다.

• 에듀넷 티클리어 연구대회 게시판

역대 연구대회 수상작을 볼 수 있어요. 연구대회의 종류도 여러 가지이니, 본인이 관심 가는 수상작을 보다 보면 나만의 생각이 떠오르기도 합니다.

09

임은광

좋은 헤어짐

우리에게 필연적으로 따라오는 이 헤어짐이
슬픔만 남기는 일이 아니었으면 좋겠다.
그리움을 통해 함께한 시간이 얼마나 아름다웠는지
아이들이 느낄 수 있기를 바란다.

◆

"선생님, 너무 보고 싶을 것 같아요."

하루 일과가 끝나고 아이들과 인사를 나눈 후 자리에서 일어나면 어김없이 사랑스러운 목소리가 들려온다. 보고 싶을 것 같다고 말하며 폭 안기는 아이, 마무리 인사로 '하트, 뿅!'이라고 말하며 하트를 날려주는 아이, '선생님, 사랑해요!'라고 말하며 팔을 잡고 붕붕 흔드는 아이. 내일도 만날 수 있지만 늘 헤어짐을 아쉬워하는 아이들 덕분에 나는 일과가 끝나자마자 내일을 기다리게 된다.

학창 시절에 봉사 활동을 할 때도, 대학 시절 실습에 참여할 때도, 교육 봉사를 할 때도, 학교에서 아이들과 함께 있을 때도 교사라는 직업은 천직처럼 느껴졌다. 교육과정을 만들어 나가는 것도, 아이들에게 무언가를 가르치는 것도, 함께 신나게 뛰어다니는 것도 모두 즐거운 일이다. 적성에 맞는 일을 업으로 삼을 수 있다는 것에 정말 감사할 따름이다.

하지만 한때, 교사라는 직업이 내 길이 아닐지도 모른다고 생각한 적이 있었다. 나는 헤어짐에 굉장히 약한 편이기 때문이다.

교사는 필연적으로 헤어짐을 경험한다. 1년 동안 담임을 맡고 나면 수료나 졸업이 있고, 내가 다른 곳으로 학교를 옮기게 되면 자그

마한 소식을 듣기도 어려워진다. 직업의 특성상 정들었던 아이들과 결국 헤어져야만 한다는 사실이 마음을 무겁게 했다.

아이들과 헤어짐을 준비할 때마다 슬픔이 몰려오고, 아이들과 헤어진 후에는 자주 아이들의 사진을 꺼내보며 그리움을 달래곤 했다. 헤어질 때마다 이렇게 힘들어하면 교사라는 직업이 적성에 맞지 않는 게 아닐까 하는 생각이 들었다.

몇 년 전, 그때도 나는 어김없이 아이들과 헤어짐을 준비하고 있었다. 등원한 후 출석 달력에 도장을 찍고 있는 한 아이에게 달력 속 날짜를 세면서 이제 선생님을 8번 밖에 못 만난다는 이야기를 건넸다. 그러자 예상치 못한 반응이 돌아왔다. 이야기를 들은 아이는 울먹이면서 진짜냐고 반복해서 묻고 너무 슬퍼하는 모습을 보였다.

그순간 정신이 번쩍 들었다. 내가 슬퍼할 수 있는 만큼 아이들도 슬퍼할 수 있다는 사실을 놓쳤다는 걸 깨달았다. 매일의 작별에도 아쉬워하는 아이들인데, 그걸 미처 생각하지 못했다는 사실이 부끄러웠다. 동시에 아이들에게 헤어짐은 단순히 슬픔만을 남기는 것이 아니라는 걸 꼭 알려주고 싶었다.

아이들에게 헤어짐을 어떻게 가르쳐주고 싶은지 고민하면서 나 역시 헤어짐에 대한 생각이 조금 바뀌었다. 아이들과 함께할 시간이 한정적이기에 아쉬움이 없도록 더 열심히 하루하루를 준비한다. 더 많은 것들을 가르쳐주고, 더 즐겁고 행복한 추억을 남겨주기 위해 노력한다. 좋은 헤어짐을 위해서는 좋은 만남을 준비해야 한다. 매일의 일과도 마찬가지이다. 하루를 끝맺을 때마다 아쉬워하는 마음이 들기 때문에 우리 반 아이들과 나는 한 번 더 따뜻한 말을 주고받는다. 그리고 하루를 아주 즐겁고 알차게 보내는 날에는 헤어지는 게 더 아쉽지만 우리 반 아이들의 추억 상자는 더 풍족해진다.

선생님이 너무 보고 싶을 것 같다고 이야기하는 아이들에게 선생님도 너무 보고 싶을 것 같다고 말한 후, 내일 반갑게 만나서 더 재밌게 보내자는 말을 덧붙인다. 그렇게 차곡차곡 작은 헤어짐을 겪다 보면 1년을 끝맺을 때도 좋은 헤어짐을 할 수 있지 않을까 생각한다. 아이들에게 헤어짐으로 속상함만 남는 것이 아니라, 함께한 시간이 아름다웠기에 그리움이 남는다는 걸 알려주고 싶다.

NOTE

우리 반 루틴 만들기

우리 반에는 하루를 마무리 할 때마다 루틴이 있습니다.
정리가 끝난 후 그림책을 1권 읽고, 마무리 체조를 한 뒤 인사를 나눕니다. 마무리 체조를 3~4개 정도 리스트에 두고, 아이들이 최종 선택하게 해도 좋아요! 이런 루틴은 일과 곳곳에 넣을 수 있습니다. 익숙해지면 아이들이 직접 루틴을 만들어 볼 수 있도록 하는 것도 좋아요. 매일 반복되는 루틴은 아이들에게 불확실성에서 오는 스트레스를 줄여 안정감을 느끼게 하고, 같은 루틴 속에서 조금씩 달라지는 변화는 아이들에게 즐거움을 선물합니다.

10

장덕진

수업에 대한 두려움, 눈치 그리고 용기 내기

과거의 나를 딛고 글로 표현할 용기를 냈다.
이제는 교실로 돌아가 다시 아이들과 함께 연구하며
새로운 수업에 도전할 차례라 생각한다.

◆

　교사의 시간은 참 빠르게 흐른다. 아이들을 만나고 서로 반가워하며 편안해지는 시간이 지나면 어느덧 방학이 오고 잠깐의 숨 돌림 후에 다시 함께 달려가면 어느덧 교사와 학생의 한해살이는 모두 마무리 된다.

　이렇게 저렇게 한 해 한 해 시간이 흐르다 보면 나의 전문성은 과연 어디에 있는가에 대해 생각하게 되는 순간이 찾아온다. 교사는 수업을 통해 증명해야 하는데, 어느 순간 수업보다는 업무를 잘하고 있는 내 모습을 스스로 돌아보며 나는 가르치는 사람, 진짜 교사인지에 대해 되묻게 된다.

　아이들을 위해 기존 수업 방식이 아니라 좋은 수업 방식으로 꼽히는 프로젝트 학습이나 토론 수업을 적용하고 싶은 생각이 가득한데, 그러한 수업을 진행하고자 하면 나는 한없이 작아진다. 수업에 대한 두려움이 있는 것이다.

　지난 수년간 가르쳐온 방식, 그리고 가장 아이들과 학부모님들에게 큰 민원이 없는 방식을 택하게 되었는지도 모른다. 흔히 경력직이 되면 훨씬 적은 에너지를 쓰면서 동시에 80~90% 동일한 효과를 내는 방법을 찾게 된다는데 지금의 내가 그렇게 변해버린 건지도 모르겠다.

수업에 두려움이 있다. 정확하게는 일상적으로 루틴 있게 하는 수업이 아니라 무언가 새로운 것을 시도하는 수업에 대한 두려움이 생긴 것 같다. 교사가 수업을 두려워한다니…

어쩌면 이상하게 들릴 수 있을 것 같다. 하지만 수업을 준비하고 시도할 때 떨림이 있는 건 사실이다.

그리고 이러한 떨림과 두려움을 가진 상태에서 몇 번의 실패 경험이 쌓이게 되면 어느새 관행적으로 해오던 방식의 수업으로 다시 돌아가려는 생각이 머리 속을 가득 채운다.

교사도 사람이고 사람의 에너지는 한정적이다. 그렇기에 모든 개인의 삶과 에너지를 수업에 집중할 수 없는 것도 맞지만, 신체적·정신적 소진에 따른 에너지 부족과 의지 상실에서 오는 두려움은 다른 차원의 문제이다.

그렇다면 나의 문제는 무엇일까? 여러 일을 하다 보니 다가온 신체적·정신적 소진과 더불어 내가 준비한 수업에 대해 아이들의 반응에 많은 신경을 쓰는 편이고 그것이 내 두려움의 근원이었다.

어쩌면 '눈치'를 본다고 할 수 있겠다. 내가 수업에 두려움을 가지는지, 나를 멈추게 하는 것은 무엇인지 곰곰이 생각해보니 타인의 시선에 대한 의식이 원인으로 드러났다. 이러한 의식은 어른과 아이를 가리지 않는 것 같다. 교원을 대상으로 한 연수에서도 나는 연수생의 반응이 좋지 않으면 흥이 나지 않는 편이다. 특히, 연수 도중에 사람이 나갔을 때 대부분 강사분들은 별 신경을 쓰지 않는 경우가 많은데 나는 그러한 부분에 예민하게 반응하며 마음의 상처를 받기도 했었다.

이러한 눈치가 학교에서 학생을 대상으로 준비한 수업에서도 나타나다 보니 어느덧 나는 내가 열심히 준비한 수업이나 '이걸 해보자'라고 했을 때 함께 하지 않는 그들의 반응에 대해 지레짐작으로 걱정하고 두려워하고 있었던 것 같다.

이 문제에 대한 정답은 없다. 결국, 내 마음을 타인의 반응에 동요하지 않도록 하고, 내가 변화해야 한다는 것을 잘 알고 있다. 아이들의 시선, 싫어하는 표정과 목소리 등을 의식하지 않고 좋은 수업을 준비했음을 바탕으로 계속 밀고 나갈 수 있는 그러한 지속하는 힘을 되찾는 것이 필요하다. 그것을 우리는 두 글자로 '용기'라고 부른다.

타인의 시선에 굴하지 않고 내가 준비한 수업을 이끌어나갈 수 있는 마음, 그 반응에 대해 잘 수용하고 개선하며 나아가는 힘. 그것이 바로 용기라는 단어가 교실 맥락에서 가진 또 하나의 뜻이라 생각한다.

시간이 지나고 보니 반응에 너무 신경쓴 나머지, 아이들에게 효과가 있을 것으로 예상되는 다양한 수업 방법이나 활동을 많이 고민하지 못했던 것 같다. 시간과 경력은 자연스럽게 쌓이지만 수업에 대한 전문성은 정비례하지 않기에 더더욱 그렇다.

과거의 나를 넘어서기 위해 글로 표현하는 용기를 냈다. 이제는 교실로 돌아가 다시 아이들과 열심히 연구한 수업을 도전할 차례가 아닐까 생각한다.

힘들고 고단하겠지만 그것이 교사이니까.

NOTE

선생님만의 노하우 –
교사가 되었을 때의 초심으로 돌아가봅시다

우리 학교에는 신규 선생님들이 많으신데 항상 늦게 퇴근하는 분들이 있습니다. 대화를 나누다 보면 수업 연구를 하다 보니 하루가 정말 금방하고 간다고 말씀하시는 데, 많은 생각이 들었습니다.

교사가 된 목적과 그 소중함을 잊지 않고 아이들을 생각하며 매 차시 수업에 교사로서의 혼을 갈아 넣는 일을 하는 신규 선생님들을 보다 보면 교육자로서 나는 저들만큼 하고 있는가 반성하기도 합니다.

　초임교사 시절 저도 이런저런 시도를 하며 때로는 민원을 받기도 하고, 실패도 많이 했습니다. 다만, 더 나아지고 싶어 배우러 다니며 누가 시키지 않아도 꾸준히 노력했던 적이 있었습니다. 그때의 그 마음이 바로 '초심'이 아닐까 생각합니다.

　저도 요즘 다시 여러 연수를 찾아 듣고 있습니다.

　혼자서 책을 보며 공부하기도 하고, 선생님들과 함께 공부하고 연구하는 분위기를 조성하려고 학교에서 손을 내밀어 권유하기도 합니다. 이 글을 읽으시는 분 중에서도 수업에 대한 두려움을 느끼셨거나, 지금 느끼고 있는 분들이 계실 겁니다.

　아이들의 반응에 따라 수업이 실패한 것은 아닌지 눈치를 보는 분들도 계실 것 같습니다. 그런데 원래 우리는 상처를 받으며 그 상처가 아무는 과정에서 배우곤 합니다. 다만, 과거와 현재 우리 모습의 가장 큰 차이점은 시간의 흐름에 따라 자연스럽게 쌓인 '경력' 뿐일지도 모릅니다.

　경력은 배움과 무관하고 내 수업의 발전을 위해서는 결국 용기를 내는 것이 필요함을 말씀을 드리고 싶습니다. 감히 제가 이렇다 저렇다 조언하는 것이 아닌, 스스로에게 하는 당부의 말이며 동시에 저와 같은 상황을 겪는 분들과 함께 용기를 내자고 말을 건네는 중입니다.

  아이들에게 용기 있게 다가갔던 그때, 그 시절처럼 초심으로 돌아가 보는 건 어떨까요?

김진수

1년 동안 화내지 않는 교실

교사가 된다는 것의 최고 매력은 교직이 중요한 일이며
특히, 학생에게 변화를 가져온다는 점이다.
교직이 어려운 이유는 단 하루도 빠짐없이 중요하기 때문이다.

♦

"지난 한 달 동안 화를 한 번도 내지 않았어요."

교내 독서 모임에서 올해 발령받은 한 선생님의 말이었다. 책 이야기에 앞서 근황 토크를 하던 중 참여하신 여러 경력 선생님께서 방학이 다가올수록 아이들에게 화를 내고 있다는 어려움을 호소하였다. 그러던 중이었기에 잠깐이었지만, 참여한 우리 모두에게 자신을 돌아보는 신규 선생님의 묵직한 한 말씀이었다.

초등교사는 교실에서 아이들과 1년 동안 190일 생활한다. 아침 9시부터 오후 2시까지 평균 5시간을 만난다. 아무리 아이들이 이뻐도 자주 붙어있다 보면 쉽지 않은 상황을 직면한다. 아이들에게는 매일 매 순간이 중요하기에 작은 것 하나에도 크게 상처받을 수 있다. 190일이란 시간 동안 매일 아이들에게 행복 바이러스를 교사가 줄 수 있다면 좋으련만. 그것이 쉽지 않다.

그래서 교육이 어렵다. 때로는 감정선을 넘어 '욱'이라는 친구가 자꾸 스멀스멀 올라온다. 꾹꾹 눌러야 하지만 '교육'이라는 명목하에 한 마디가 툭 나오더니 숨어있던 친구들이 계속 튀어나와 결국 '잔소리' 잔치를 하게 된다. 쉽지 않다.

어느 해부터 새 학년 새 학기를 맞이할 때마다 목표는 단 한 가지다. 화려한 AI 수업 기술, 독서와 글쓰기 중심의 학급 운영, 학급 긍정 훈육법(PDC) 등처럼 전혀 거창하지 않다. 단순하다.

"화를 내지 않는다."

어려운 명제이지만 할 수 있고, 그렇게 몇 년 동안 해내고 있다.

화가 난다는 것은 문제가 아니다. 누구나 화가 날 수 있다. 다만 그것이 반응하는 데 있어 꼭 소리를 지르거나 부정적인 감정을 표출하지 않는 훈련이 중요하다.

여기에는 몇 가지 기술이 있다.

① 1-3-10 법칙(이치 노세, 다카시 『화를 내지 않는 기술』)

1초(즉각 멈춤): 감정이 치솟았을 때 바로 반응하기 보다는 '내가 지금 화가 나려 하고 있구나' 라고 자각하는 것이 핵심이다.

3초(호흡하기): 마음이 진정되도록 3번 깊은 호흡한다. 화가 나는 대상과 상황을 의도적으로 거리두기 위함이다.

10초(긍정적 방향 선택): 숫자를 10까지 세면서 지혜로운 반응을 선택한다.

1-3-10 법칙은 눈에 보이지 않는 자기화의 과정이다. 이에 더해 다음에 소개하는 STC 버튼은 시각적인 효과가 탁월하다.

② STC 버튼

S.T.C는 Stop, Think, Choose의 약자이다. 허승환 선생님께서 『성공하는 사람들의 7가지 습관』에 나온 예화를 통해 위 기술을 교실에 접목한 모습이 참으로 인상 깊었다.

S - Stop 멈춰 / '잠시 화가 나는 감정을 멈추고'

T - Think 생각해 / '어떻게 하면 좋을지 생각해 보고'

C - Choose (좋은 것을) 선택해 / '좋은 것을 선택해야겠어.'

마음속에 STC 버튼이 있다고 생각하고 부정적인 감정이 올라올 때마다 의도적으로 눌러 감정적으로 대하지 않도록 잠시 시간을 벌 수 있는 방법이다.

이제 이것을 시각화할 차례이다. 이런 인성적인 부분은 그저 이론으로 이야기해서 끝나면 뭔가 허전하다. 이를 눈에 보이게 하는 작업이 중요하다. 인성이라는 것은 한 번에 되는 것이 아니고, 지속해서 조금씩 높이 쌓아가는 탑과 같기 때문이다. 시각화를 어떻게 할까? 종이컵 하나면 충분하다.

종이컵을 활용해서 자신만의 STC 버튼을 만든다. 가위로 오리는 친구, 아이언맨처럼 가슴에 장착하는 친구, 초인종처럼 만드는 친구, 문어발처럼 여러 가지 다리를 만드는 친구 등 각자의 느낌대로 표현하면 된다. 여기까지만 해도 충분히 의미 있는 활동이다. 나는 여기에 한 단계 더 나아간다.

바로 역할극이다. 이 버튼을 활용하여 5분 이내의 역할극을 준비한다.

모둠별 왁자지껄, 함박웃음을 지으며 준비가 한창이다. 진지하게 저마다 임한다. 이 활동이 인상 깊었던지 한 친구는 영상으로 만들어 우리에게 다시한번 버튼의 중요성을 알려줬다.

아침 글쓰기에도 등장한다.

"짜증, 오늘 STC 버튼…. 하. 눌러야겠네."

자신의 화를 잘 다스린 친구 발견. 무한 격려다. 어른인 나도 해내기 어려운 것을 우리 친구가 해냈으니. 서로 배려하고 협력하는 학급이 되도록 올해 첫 단추를 잘 꿰맬 수 있길 바라는 마음으로 매년 아이들과 도덕 교과를 할 때 첫 시간에 하는 활동이다.

③ 가슴 깊이 새긴 문구

"교사가 된다는 것의 최고 매력은 교직이 중요한 일이며 특히 학생에게 변화를 가져온다는 점이다. 교직이 어려운 이유는 단 하루도 빠짐없이 중요하기 때문이다."

토드 휘태커의 『훌륭한 교사는 무엇이 다른가』를 읽고 무릎을 강하게 쳤던 대목이다.

교육하다가 힘이 빠지려고 할 때 마다 읽고 또 읽는다. 내 눈에 가장 잘 보이는 곳에 정성껏 필사하여 붙여 놓았다. 감정이 올라오는 것이 느껴질 때 주문처럼 외운다. 벌써 수백번은 외운 것 같다.

아이들의 마음은 쉽게 깨질 수 있는 유리잔과도 같기에 조심스럽게 다룬다. 말이란 것은 다시 주워 담을 수 없기에 감정이 실린 화를 표출하는 말 보다는 존중하는 언어로 표현하려고 노력한다.

화가 나지 않으니 학급 구성원은 좀 더 긍정적인 영향을 서로 주고 받는다. 아이들의 미소가 보이고, 내 입꼬리 또한 올라간다. 화내지 않고도 충분히 교실은 아름답게 흘러간다.

> **NOTE**

누구에게나 장점은 있어요

교실 속 아이들을 바라볼 때 최대한 단점보다는 장점을 보려고 노력합니다. 교시인 저 또한 완벽하지 않음을 알기에. 아이를 제대로 바라볼 수 있게 해준 책이 있습니다.

폴란드의 의사이자 작가, 교육자이며 어린이 인권의 선구자로 알려진 야누슈 코르착의 『아이들』

"아이들은 미래의 사람이 아니라, 지금 이 순간에도 사람이다."

"아이에게는 존중받을 권리가 있다. 사랑이란 아이를 소유하는 것이 아니라, 이해하는 것이다."

"당신은 아이를 키우는 것이 아니라, 당신 자신을 키우고 있는 것이다."

그가 남긴 말은 교육자로서 아이들을 어떤 시선으로 바라봐야 하는지를 일깨워줬습니다.

관점이 바뀌자 교실에 있던 '문제아' 친구들이 싹 사라지는 경험을 했습니다. 아이는 그대로인데 제 사고가 바뀌니 전혀 문제가 되지 않았습니다. 그때부터 교실은 긍정 에너지가 살아숨쉬게 되었고 지금의 밀알반 학급운영의 토대가 되었습니다.

누구에게나 장점이 있습니다. 그 장점이 서로 한데 모여 좋은 에너지를 나누는 교실 현장의 모습을 그려봅니다.

| 에필로그 |

　이 책에 담긴 목소리들은 어느 특별한 11명의 것만이 아닙니다. 교실이라는 작은 세상 속에서 매일 아이들과 눈을 맞추며 살아가는, 때로는 조용히 무너지며 또 다시 일어나기도 하는 50만 선생님들의 이야기입니다.

　교사라는 직업은 단순히 지식을 가르치는 사람을 넘어서 아이의 하루를 함께 살아주는 가장 가까운 '어른'이기도 합니다. 삶 자체를 함께 살아가기에 매 순간이 확정되지 않아 불확실성 속에 있습니다. 또한 미성숙한 여러 학생의 복합적 관계 속에서 살아가기에 교실 속 현재와 미래가 어떻게 펼쳐질 지에 대한 불안 역시 가득합니다.

　그래서 참 어렵습니다. 아이들의 눈빛에서 생각을 읽고, 말 속에 담긴 단어 그 너머의 마음을 헤아리며, 늘 아이들의 편이 되기 위해서는 많은 노력이 필요합니다. 학생 앞에서는 늘 웃고 있는 선생님들도 사실은 힘이 듭니다. 어쩌면 주말이 끝나갈 때 내일 학교 가기 싫다는 마음이 들 때도 있습니다. 이 책은 바로 그 솔직한 마음에서 시작되었습니다.

《월요일은 싫어도 교사는 하고싶어》에서는 마음이 흔들리는 날도 있지만, 그럼에도 불구하고 아이들에게 배우며 내일의 교실을 꿈꾸는 선생님들의 이야기를 담고자 했습니다.

한 학교에 함께 근무하는 다양한 경력, 성별, 역할을 지닌 선생님들이 모여 '보통' 선생님들의 평범한 이야기를 나누기 시작했고, 그 말이 글로 모였습니다. 이 책이 전하는 평범하지만 특별한 이야기들이 누군가에게는 지금까지 잘 해온 자신을 토닥여주는 위로가 되기를 또 다른 누군가에게는 다시 교사로 살아갈 용기를 갖추는 응원이 되기를 바랍니다.

이 책을 끝까지 함께해주신 모든 분께 진심으로 감사드립니다.

열한 명의 서로 다른 이야기에 귀 기울여 주시고 동행해주신 그 마음이, 또 다른 교실의 이야기를 이어주는 힘이 되리라 믿습니다. 언젠가 여러분의 교실 이야기도 함께 나눌 수 있기를 기대합니다.
 다시 한 번 감사의 인사를 드립니다. 고맙습니다.

중앙교육연수원 교육연구사
장덕진

월요일은 싫어도
교사는 하고 싶어

초판 1판 1쇄 발행 | 2025년 10월 27일

지은이 | 김보현·김진수·문정원·배주미·신수민·이가현
　　　　임은광·염덕원·오다빈·장덕진·황상우
펴낸이 | 김경배
펴낸곳 | 시간여행
디자인 | 디자인[연:우]
등　록 | 제313-210-125호 (2010년 4월 28일)
주　소 | 경기도 고양시 덕양구 지도로 84, 5층 506호(토당동, 영빌딩)
전　화 | 070-4350-2269
이메일 | jisubala@hanmail.net

종　이 | 화인페이퍼
인　쇄 | 한영문화사

ISBN 979-11-90301-38-1 (03370)

* 이 책의 내용에 대한 재사용은 저작권자와 시간여행의 서면 동의를 받아야만 가능합니다.
* 잘못 만들어진 도서는 구입한 곳에서 바꾸어 드립니다.